# LA GRANDE CATHERINE

## IMPÉRATRICE DE RUSSIE

PAR

## M. CAPEFIGUE

C'est du Nord aujourd'hui que nous vient la lumière.

VOLTAIRE.

PARIS

AMYOT, ÉDITEUR, 8, RUE DE LA PAIX

—

MDCCCLXII

# LA GRANDE

# CATHERINE

## IMPÉRATRICE DE RUSSIE

La Russie, ce vaste État, doit son organisation moderne à Pierre I<sup>er</sup>, mais sa civilisation, son idée, sa force diplomatique sont l'œuvre de Catherine II.

C'est une femme, une reine couronnée, qui la première fit connaître à l'Europe le génie russe, les aptitudes mobiles et puissantes du caractère slave, les mille formes de son esprit, l'énergie, l'habileté, l'unité, la patience ; toutes ces qualités enveloppées sous le charme et les élégances voluptueuses de l'esprit grec.

Et cependant Catherine II n'était pas russe; allemande d'origine, avec l'éducation française, toute jeune fille elle fut élevée à la cour moscovite d'Elisabeth ; elle se trouva presqu'aussitôt au milieu de cette noblesse moitié slave, moitié de l'antique et forte race tartare, unie à un empereur né dans les climats durs et un peu sauvages de la Germanie du Nord, prussien de cœur et d'habitude.

Obligée de se contenir dans les premières années de sa vie, Catherine II développa tous les charmes, toutes les ressources d'un esprit rêveur et positif à la fois ; elle s'accoutuma à la résignation, distraite par de doux épisodes; elle se fit des confidentes spirituelles, des amis ardents et dévoués : quand un événement soudain et terrible la fit impératrice, elle se trouva toute prête au rôle immense qu'elle allait jouer.

Avec l'aide de Dieu et de son génie, Catherine II commença ce grand et long règne de trente-six ans qui donna à la Russie de vastes provinces, une existence diplomatique considérable, et, ce qui est plus élevé encore, une puissance d'opinion telle, que Voltaire, haut flatteur des rois, put écrire ce vers devenu vulgaire :

C'est du Nord aujourd'hui que nous vient la lumière!

Pierre Ier avait créé la nationalité militaire de la Russie, Catherine II la révéla au monde par la conquête, les négociations habiles; elle rendit la Russie populaire au xviiie siècle par son alliance avec les gens de lettres et le parti philosophique; elle fit servir toutes les forces de l'esprit français à ses vastes desseins; elle créa la diplomatie russe, une des mieux avisées et des plus fortes de l'Europe.

On a écrit beaucoup de pamphlets sur

Catherine II ; sa vie a été comme une foire aux anecdotes. Ces pamphlets appartiennent à deux époques : 1° au xviiie siècle, 2° aux temps agités de la Révolution française, surtout au Directoire exécutif.

Le xviiie siècle aimait les petits scandales ; la noblesse se complaisait aux confidences de boudoir, aux contes lascifs à la manière de Boccace ; on jasait beaucoup sur Catherine, sur le prince Poniatowski, sur les Orloff, sur Potemkin ; on contait mille anecdotes sur les hauts et beaux cavaliers qui dominaient une grande Impératrice, sans se rendre précisément compte que c'était une contre-vérité. Catherine dominait ceux qu'elle daignait élever jusqu'à elle, elle les ployait, les façonnait de manière à n'en faire que de simples instruments à ses desseins, les épées et les bras de son empire. Ceux que le vulgaire considérait comme des colosses de bronze n'étaient que de petites statuettes en vieux Sèvres qu'elle brisait après les avoir couronnées de fleurs.

Les pamphlets publiés sous le Directoire avaient un autre caractère; Catherine II s'était prononcée contre la Révolution française ; étroitement alliée avec l'Angleterre, l'Impératrice menaçait d'envoyer une armée qui devait opérer de concert avec les Autrichiens contre la République.

Il était donc dans l'intérêt, dans le droit de guerre même de la Révolution d'insulter Catherine II : un obscur résident, autrefois expulsé de Varsovie, se chargea de cette besogne révolutionnaire et publia *la Vie de Catherine II;* quelques exemplaires furent même ornés de gravures obscènes pour distraire les fins soupers du comte de Barras, fort peu scupuleux en matière de mœurs ; n'avait-il pas sur sa table du soir la *Justine* du comte de Sade reliée en maroquin et à baguettes d'or, offerte par l'auteur au président du Directoire ?

Il est un autre livre qui mérite plus d'attention que les pamphlets vulgaires. M. de Ségur était un homme d'un charmant esprit ; il avait occupé en Russie un poste supérieur, l'ambassade française ; mais il avait des opinions et un petit dépit au cœur ; il avait adopté les principes de la Révolution française et s'était attaché au gouvernement qui en était la consécration ; il devait peu ménager l'Impératrice, une des grandes ennemies des hommes et des idées de 1791. C'était son rôle et il le remplit avec toutes les distinctions de son esprit.

Les salons de diplomatie ajoutaient une autre cause à cette animosité. M. de Ségur, fort spirituel, élégant colonel de dragons d'Orléans, très-gentil sous son uniforme, au reste, n'avait aucune de ces magnificences de port et de physionomie qui pouvaient lui attirer les regards souverains ; il y avait aspiré néanmoins ; comme le Chérubin du *Mariage de Figaro*, il avait chanté sa romance aux pieds d'une belle reine ; la romance fut trouvée ravissante, mais la personne musquée du poète avait été peu remarquée ; et ces sortes de dédains, même couverts de cordons et de plaques des grands ordres, ne s'oublient jamais ! M.. de Ségur n'était-il pas d'origine méridionale, de ces provinces d'où venaient les mousquetaires avides et diseurs de bonnes fortunes ?

Les mémoires de M^{me} Daschkoff furent écrits avec le respect du passé, mais aussi avec les vives impressions de la disgrâce ; ce n'était pas une ennemie de Catherine II, mais une amie délaissée qui avait des torts, et ce sont là les plumes les plus acérées, les plus médisantes.

L'auteur du présent livre s'est peu arrêté

à ces documents passionnés ; il s'est hâté d'arriver aux sources sérieuses, élevées ! il ne s'est pas fait le panégyriste de Catherine II ; il ne vient pas, en chevalier errant et courtois, briser une lance pour l'Impératrice, mais il n'a pas cru nécessaire de faire entrer dans le cadre d'or de la peinture d'un grand règne, les sujets de fantaisie licencieuse dignes de l'Arétin ou les bergeries de Lancret et de Watteau.

Trente-six années, les plus belles de l'histoire de la Russie, brillent autour du diadème de Catherine II, et ce sujet est assez vaste pour mériter l'attention de tous ceux qui s'occupent de l'histoire des grandes choses du passé.

Il me reste à parler d'un livre publié à Londres sous le titre de *Mémoires de l'impératrice Catherine II*. Ces mémoires qui n'embrassent que le temps de la jeunesse de l'Impératrice « ont été heureusement arrachés, disent les éditeurs, aux archives secrètes de Saint-Pétersbourg. »

Nous connaissons en France cette façon de mémoires scandaleux, qu'on prétend avoir découverts, *arrachés* aux dépôts de l'État ou aux archives des particuliers.

Il résulte pour moi de l'examen attentif de ces mémoires, la conviction profonde qu'ils n'ont jamais été écrits par l'Impératrice Catherine II.

Après la description facile et géographique du lieu de naissance de Catherine II du château d'Entin, beau parc planté entre quatre lacs, la future Impératrice raconte sa première rencontre à dix ans avec Pierre Ulric de Holstein-Gottorp, petit ivrogne de onze ans, rouant de coups ses poupées, et qu'elle épousa cinq ans après. Après ce charmant récit, l'Impératrice daigne raconter sans déguisement ses passions amoureuses pour Serge Soltikoff, Léon Nariskin,

et le beau Poniatowski, et savez-vous à qui
elle destine ces naïfs mémoires ? à l'éducation de ses enfants ! (1)

Est-ce ainsi que parle une mère, une
Impératrice, et va-t-elle surtout déposer de
tels aveux aux archives d'État ?

L'histoire sérieuse doit dédaigner de tels
documents ; il me répugne même d'en
parler à l'occasion d'un grand règne et de
cette Impératrice dont le poète Derjavine
disait : (2) « Je chantais, lorsque semblable à une déesse, une femme gracieuse
m'apparut. Un voile blanc l'entourait mollement de ses plis argentés. Son front ma-
jestueux portait une couronne. A ses pieds
le grand aigle du Nord, tenant la foudre
dans sa serre, veillait sur le livre des lois.

----

(1) Je soupçonne que ces mémoires ont été écrits sur quelques
notes de madame Daschkoff et sont l'œuvre de quelques réfugiés
en Angleterre.

(2) Je donne la traduction ou la version de M. Du Bouzet.

« Un nuage passa sur mes yeux éblouis. Quand je repris mes sens je lui dis : J'ai célébré la vertu sur le trône et les grandes actions que tu as faites. Le monde en a été témoin. Toujours je chanterai ta gloire pour devenir immortel avec toi. »

# I

# Le règne d'Élisabeth Petrowna.

## ( 1741 — 1761 )

La caserne des grenadiers Preobrajenski, à Saint-Pétersbourg, retentissait de clameurs inaccoutumées, le 6 décembre 1741, par une nuit longue et glacée. Ces colosses de six pieds, à la figure tartare (le régiment bien-aimé de Pierre I$^{er}$), s'étaient réunis à la hâte dans la cour de la caserne. Devant eux était une femme noble de traits, d'une taille élevée, que les officiers entouraient de leurs épées et acclamaient de leurs cris : c'était Elisabeth Petrowna, fille du czar Pierre I$^{er}$ et de Catherine (1), la jeune

(1) Élisabeth était née en 1709, quand Pierre I$^{er}$ était au faîte de la gloire ; elle avait donc trente-trois ans.

Livonienne couronnée, dont la poétique histoire
se récitait encore ; Élisabeth n'était suivie que
de deux serviteurs fidèles et intrépides ; le premier, le comte Woronsoff (1), tout à fait dévoué
à sa personne ; le second était un chirurgien
d'origine française, d'une famille protestante
réfugiée au Hanovre, esprit hardi, plein d'initiative, Hermann Lestocq (2), attaché à Pierre I$^{er}$
et à Élisabeth comme médecin ordinaire. Lui
seul et Woronsoff avaient préparé la révolution
qui allait s'accomplir.

Le régiment de Preobrajenski se mettait en
marche pour le palais d'hiver, où dormaient en
paix le jeune empereur Ivan et la régente Anne,
mariée à Ulrich, duc de Brunswick, co-régent
lui-même de l'empire. Arrivés au palais, trente
des grenadiers, brisant les portes jusqu'à l'intérieur, enlevaient le jeune Empereur, Anne (3)
et Ulrich ; on arrêtait tous les officiers dévoués
à Ivan, le maréchal Munnich, Ostermann, Go-

(1) Michel Lazarovitch, comte de Woronzoff, d'une illustre famille dont les ancêtres s'étaient distingués dans la
guerre contre les Kalmouks.

(2) Hermann Lestocq, né en 1692, habitait Saint-Pétersbourg depuis 1713.

(3) Anne était la petite-fille de Pierre I$^{er}$ par la duchesse
de Courlande ; elle était la mère d'Ivan.

Iofkin. Le lendemain, une proclamation, œuvre de Lestocq, déclara qu'Elisabeth, fille de Pierre le Grand, prenait possession du trône de Russie qu'occupaient les usurpateurs. Il y eut à la suite de ce changement quelques exils en Sibérie. Ivan, encore enfant, fut retenu captif à la forteresse de Schlusselbourg. Anne et le prince Ulrich furent relégués sur les côtes de la mer Blanche par les ordres du Sénat, qui approuvait la rigoureuse exécution du Palais et proclamait l'avénement d'Elisabeth.

Quelles étaient les origines, quelle était la cause de cette révolution politique qui mettait le pouvoir dans les mains d'Elisabeth Petrowna, la nouvelle impératrice? Pour les connaître et les expliquer, il fallait remonter à la mort de Pierre le Grand et de Catherine I<sup>re</sup> qu'il avait élevée si haut. D'après leur testament, déposé au Sénat, Pierre, fils du malheureux czarevitch Alexis (1), était appelé à la couronne pour leur succéder en première ligne ; à son défaut, Anne, la fille de Pierre, mariée au duc de Holstein ; et, au troisième degré, Elisabeth. Le jeune Pierre, proclamé czar, était mort presque aussitôt ; le

_______________

(1) Frappé de mort sous Pierre I<sup>er</sup>, comme ayant attenté au pouvoir de son père.

Sénat, sans exécuter exactement les volontés de Pierre I<sup>er</sup>, avait proclamé régente Anne, duchesse de Courlande, et celle-ci avait placé la couronne impériale sur la tête d'Ivan, son fils, par les conseils et l'énergique concours de Biren, le nouveau duc de Courlande, qui, d'une origine incertaine, s'était élevé à tous les honneurs, à toutes les dignités en Russie (1).

Tons ces arrangements s'étaient faits sans tenir compte des droits d'Elisabeth Petrowna, qui semblait assister à ces événements avec la plus profonde indifférence; elle paraissait tout sacrifier aux arts, aux plaisirs, à l'amour. Et néanmoins, avec habileté, pour objet de ces plaisirs et de ces amours, elle choisissait de préférence les officiers les plus hardis, les plus décidés parmi les gardes; elle formait ainsi autour d'elle un parti puissant que favorisait le marquis de La Chétardie, ambassadeur du roi Louis XV, gentilhomme aux formes charmantes qui, disait-on, n'était pas indifférent au cœur d'Elisabeth (2). Il s'était lié avec le chirurgien

(1) Biren écartelait des armes des Biron de France; on le disait pourtant d'une origine néerlandaise, fils d'un écuyer du duc de Courlande; sa vie fut un composé de malheurs, de grandeurs et de cruauté sauvage.

(2) Jacques Trotti, marquis de La Chétardie, colonel du régiment de Tournesis; il fut nommé par l'impératrice cheva-

Lestocq, qui avait toute la confiance de la princesse. Un point diplomatique décisif pour la France était d'obtenir l'alliance de la Russie au moment où s'engageait une guerre sérieuse contre l'Angleterre (1). Le marquis de La Chétardie poussait donc Elisabeth à prendre un parti décisif et à saisir la couronne impériale; car le triomphe d'une nouvelle souveraine devait assurer la Russie à l'alliance française.

La révolution s'accomplit, comme on l'a vu, dans la nuit du 6 décembre 1741, et Elisabeth devint impératrice de toutes les Russies. Ces grandeurs subites ne changèrent pas les penchants faciles et voluptueux de sa vie. Au milieu des guerres, des batailles, Elisabeth était restée femme avec ses faiblesses, ses jalousies ardentes, n'ayant au cœur qu'une haine profonde, celle que lui inspirait M^me Lapoukin, plus belle et peut-être plus aimée qu'elle. Le comte Lapoukin était entré dans une conjuration en faveur d'Ivan; lui, sa femme la comtesse, et M^me Bestucheff (2) furent relégués en Sibérie.

lier des ordres de Sainte Anne et de Saint-André, à la suite de son avénement.

(1) On peut lire dans mon *Louis XV* les détails de cette négociation.

(2) Les Bestucheff étaient nés à Moscou; le comte Bestu-

Elisabeth, inflexible dans ses amours jaloux, prétendait n'être heureuse que lorsqu'elle aimait ardemment. Initiée aux mœurs et à la littérature françaises par le marquis de La Chétardie (1), Elisabeth protégeait les lettres, la comédie, tout ce qui pouvait adoucir les idées, les coutumes et les habitudes. Elle fonda une Académie, fit préparer un Code de lois humaines et faciles, bien qu'elle eut donné quelquefois l'exemple d'une implacable sévérité.

Ce fut un bonheur pour la Russie, après le règne si dur, si inflexible de Pierre I$^{er}$, que d'être gouverné par des femmes. Si le système établi par le czar s'était développé avec sa loi de fer sans mélange de faiblesse, la Russie serait restée assurément une grande puissance militaire ; mais sa vie douce et artistique, elle la dut aux femmes, même avant que les jeunes filles allemandes eussent réagi sur les mœurs de la cour. La femme russe fut toujours cette

cheff était chancelier et sénateur ; son petit-fils, lieutenant au régiment de Pultava, fut compromis dans la conjuration de Mouraview, lors de l'avénement de l'empereur Nicolas, en 1825. Bestucheff subit son arrêt de mort le 26 juillet 1826. Il y a des familles sur lesquelles pèse la fatalité.

(1) Le marquis de La Chétardie voulait prendre trop d'ascendant sur l'impératrice ; il subit sa disgrâce et fut même dépouillé des ordres.

ravissante créature aux traits fins et délicats, pleine de politesse et d'esprit, avec cette divine indolence qui lui laisse l'imagination ardente à travers toutes les froideurs du climat. L'impératrice Elisabeth transmit une mémoire tendrement chérie de tous (1); elle fut appelée *très-clémente*, parce qu'elle ne laissa jamais exécuter de sentence de mort sous son règne. La gloire militaire de la Russie grandit considérablement. Soltikoff (2) gagna la bataille de Künnersdorf sur le grand Frédéric, et les armées russes occupèrent Berlin. Elles firent cette belle campagne de concert avec les armées françaises, si brillantes aussi. Frédéric II rendit hommage à cette énergique fermeté du soldat russe, qu'il ne suffisait pas de tuer, mais que, mort, il fallait pousser encore pour le faire quitter son rang sur le champ de bataille.

(1) L'impératrice Élisabeth mourut à cinquante-deux ans, le 29 décembre 1761.

(2) Les Soltikoff étaient alliés à la famille impériale; l'empereur Ivan avait épousé une Soltikoff. Ce fut Simon Soltikoff qui battit le grand Frédéric.

II

# La jeunesse de Catherine II et l'empereur Pierre III.

(1729—1760)

A la cour élégante d'Elisabeth Pétrowna brillait déjà une jeune femme, mariée à Pierre, duc de Holstein-Gottorp, neveu de l'impératrice, et qu'elle avait désigné pour lui succéder (1). Née du prince Christian-Auguste d'Anhalt Zerbst, gouverneur de Stettin pour le roi de Prusse, et ainsi allemande d'origine, cette jeune fille avait reçu en naissant le nom de Jeanne-Elisabeth; mais, selon la coutume russe, lors de son baptême grec, on l'avait nommée Catherine Alexéifvna. Catherine, née en 1729, comptait

(1) Pierre était fils de Charles-Frédéric, duc de Holstein-Gottorp, et de Anne, fille aînée de Pierre Iᵉʳ. Il n'avait qu'un an de plus que Catherine.

1.

ainsi seize ans lors de son mariage avec Pierre-
Charles Ulrich d'Holstein, qui, je le répète,
était désigné pour la succession de l'empire.
Le caractère de Pierre, qui n'a jamais été jugé
que par ses ennemis, était celui d'un officier
allemand, brave, brusque, aimant les distractions de la table et du verre, jaloux de la disci-
pline, attristé surtout d'avoir perdu la beauté
de sa figure par la petite vérole : cet accident
jetait dans sa vie une profonde tristesse, une
humeur acariâtre qu'il ne fut pas toujours le
maître de dominer. On ne sait pas les jalousies
secrètes et les douleurs invincibles qu'inspire
toujours la beauté à la laideur.

Catherine ne put assez déguiser les répu-
gnances que lui inspirait cette figure, ravagée
par la maladie. Jeune fille allemande, galante
et passionnée, elle s'éprit d'enthousiasme pour
le comte Soltikoff qui venait de donner un si
grand éclat à l'armée russe, le vainqueur du
grand Frédéric. Obligé par l'impératrice Elisabeth de s'éloigner de la cour, Soltikoff fut bientôt oublié pour le prince Auguste-Stanislas Poniatowski (1), attaché à l'ambassade anglaise,

(1) Stanislas-Auguste, fils aîné du comte Poniatowski. Il
était né en 1732, et vint à Pétersbourg à vingt-un ans ; il avait
visité Paris et Londres : nous en parlerons plus tard.

élégant, fort versé dans la poésie et la philosophie ; ce fut dans sa société charmante que Catherine prit le goût vif et toujours avoué pour la langue et la littérature françaises.

Cette conduite ardente et légère de Catherine pouvait se justifier par les amours publics et adultères du czar Pierre avec la comtesse de Woronsoff. Ce scandale était si manifeste, la froideur de Catherine si publique, qu'on parlait de la possibilité d'un divorce du czarevitch Pierre avec Catherine, pour librement épouser la comtesse Woronsoff (1), charmante et noble fille douée d'une grande ambition. Bien que l'impératrice Elisabeth fût très-facile dans ses amours et qu'elle eût beaucoup à se faire pardonner, elle avait voulu éteindre ce triste exemple d'un double adultère public. Le prince Poniatowski dut quitter Pétersbourg, et la comtesse Woronsoff fut exilée dans les terres de son père.

Au lit de mort, l'impératrice Elisabeth tenta de réconcilier les deux époux pour assurer la paix et la grandeur du peuple russe ; mais les griefs étaient trop vifs, les antipathies trop

(1) C'était la jeune comtesse Élisabeth-Romanowa Woronsoff, nièce du chancelier, sœur du comte Alexandre Woronsoff et de la princesse Daschkoff.

enracinées : ils s'éloignèrent plus que jamais. D'ailleurs, à l'avénement du nouveau czar, il s'opérait un changement si radical dans les idées et les tendances de la politique du règne, qu'il devait se former immédiatement deux partis qui allaient prendre pour drapeaux : l'un Pierre III, l'autre Catherine. Le nouvel empereur secouant tout le passé diplomatique de la Russie, les clauses des traités conclus, non-seulement se séparait de l'alliance franco-autrichienne, mais il donnait ordre à ses armées de s'unir à celles de Frédéric, roi de Prusse, dont il se faisait l'admirateur passionné (1). Tous les exercices, toutes les manœuvres durent se faire désormais à la prussienne ; le czar lui-même porta le costume de général-major au service du grand Frédéric (2), ce qui blessa prodigieusement la noblesse et l'armée russe, qui n'aimaient pas les Prussiens parmi tous les Allemands.

Par la tendance naturelle et l'instinct de ses intérêts, Catherine prit le rôle opposé de son

(1) N'étant encore que czarevitch, et la Russie étant en guerre avec la Prusse, Pierre III n'avait cessé de correspondre avec le grand Frédéric.

(2) Il avait sollicité ce grade, et le roi de Prusse lui en avait envoyé le brevet et les insignes.

mari ; elle se liait avec les officiers de l'armée russe, fidèles aux traditions de Pierre Ier et d'Élisabeth ; elle s'entourait du clergé russe, toujours si puissant sur la multitude et que le nouvel Empereur ne ménageait pas assez. Catherine qui n'avait pas d'ardentes croyances se montrait néanmoins passionnée pour les cérémonies religieuses et les formes multipliées du culte ; les popes ne quittaient pas le palais de Peterhoff qu'elle habitait ; au commencement du règne de Pierre III, elle se contenait néanmoins avec prudence, dans la crainte de soulever contre elle le châtiment que le nouvel Empereur ne lui aurait pas épargné.

Pierre III était pourtant de sa nature oublieux du passé et bon dans le présent : un de ses premiers actes fut de rappeler les exilés de Sibérie, même les plus inflexiblement condamnés : le maréchal Munnich et Biren (1). Il se montrait plus allemand que russe dans ses lois et ses actes, il réformait les codes, les coutumes, il apportait dans le gouvernement l'économie et l'ordre. Il abolit le conseil secret (2), instru-

(1) Tous deux avaient été frappés d'exil sous le règne d'Élisabeth.

(2) On l'appelait le Conseil de chancellerie ; il exilait impitoyablement,

ment de vengeance et de despotisme dans la main des czars ; ce grand amour des réformes blessa la noblesse, qui tenait à ses priviléges. Il ne suffit pas de corriger le mal, il faut encore que les hardies réformes ne heurtent pas les idées et les intérêts. Par esprit d'indifférence religieuse et peut-être par économie, l'empereur Pierre fit enlever la plupart des belles images d'or qui ornaient les Églises, objet de la vénération populaire (1) ; il annonça avec assez de maladresse qu'il allait s'emparer des biens du clergé, destinés à diminuer les charges publiques, et comme de vifs murmures d'opposition s'élevaient dans les gardes nobles, le czar cassa les régiments pour s'environner de troupes allemandes.

Pierre n'avait d'admiration que pour les soldats prussiens, et il le disait haut (2). Le duc de Holstein reçut le commandement supérieur des gardes ; l'empereur donnait au grand Frédéric le nom de son maître et de son génie ; quand le roi de Prusse lui envoya le brevet de général-

(1) L'empereur frappa d'une peine sévère l'évêque de Novogorod qui s'y était opposé.

(2) Pierre avait l'imprudence de dire que son plus beau titre de gloire était d'avoir porté le titre de lieutenant prussien.

major à son service, Pierre ne craignit pas de donner un banquet solennel dans la salle des gardes; le portrait du roi de Prusse fut placé à côté de celui du czar Pierre I$^{er}$ dans son cabinet de travail et dans sa galerie de réception.

# III

## La conjuration de Catherine.
## Le comte Panin.
## La princesse de Daschkoff. — Les Orloff.

### (9 juillet 1762)

Cette conduite folle, imprudente du czar
Pierre III avait dû soulever bien des méconten-
tements au milieu de l'armée, dans la vieille
société moscovite; et Catherine, sans se compromettre personnellement, permettait qu'on
agît autour d'elle dans sa résidence de Peterhoff;
elle avait attaché à sa personne une très-jeune
femme d'un caractère original et hardi, la princesse Daschkoff, troisième fille du comte Woronsoff, la sœur de la comtesse Bourtouline.
Élevée dans le palais du comte Woronsoff, presque enfant elle avait montré un esprit vif,
libre, indépendant, et à sa quinzième année à

peine, elle se distinguait par sa toilette pleine d'excentricités (elle préférait l'uniforme des gardes et elle y était charmante) (1). Ses manières brusques, saccadées, spirituelles, lui avaient attiré bien des hommages parmi la noblesse russe ; à seize ans elle épousa le prince Daschkoff, d'une grande famille, et après un court séjour dans ses terres de Moscou, la princesse était venue au château de Peterhoff, auprès de Catherine, qui l'avait attachée à sa personne par une douce et vive amitié.

Aussitôt son esprit romanesque s'était révélé par d'imprudentes paroles contre sa sœur, la comtesse de Woronsoff, la maîtresse de Pierre III et qui tenait la place que Catherine II devait seule légitimement occuper. Était-ce, comme on l'a dit, par jalousie d'une position qu'elle aurait souhaitée elle-même, ou bien par un honorable et beau dévouement pour Catherine? Ce fut par Madame Daschkoff que l'impératrice eut le premier indice des projets de répudiation que Pierre III préparait ; la princesse avait donné à cette conjuration une tournure hardie, aventureuse, jusqu'à s'en ouvrir au comte Panin, di-

_______

(1) L'éducation de la princesse Daschkoff avait été fort soignée et très-littéraire ; elle a publié des *Mémoires*, sorte de pamphlet contre Catherine II.

plomate habile (1), gouverneur du grand-duc
Paul. Mécontent de l'empereur Pierre III, menacé dans sa position, à la veille du désaveu du
grand-duc, le comte Panin, néanmoins, ne
s'était pas encore prononcé; ce fut après les
douces démarches de la princesse Daschkoff que
Panin consentit à se dessiner pour Catherine;
on dit même qu'ellé se donna à lui, d'une façon
tendre, ardente, passionnée, afin d'enthou-
siasmer son cœur vaniteux.

Lorsqu'une conjuration est arrivée à un certain degré de consistance et de maturité, ou elle
doit éclater brusquement, ou elle tombe et périt
sous une sanglante répression; il y a des temps
où l'on ne peut plus rien cacher. Pierre III,
rempli de jalousie et de haine, avait été sur le
point de surprendre Catherine dans les douleurs d'un enfantement qu'on disait adultère.
Si l'on en croit les *Mémoires secrets*, le czar
Pierre était arrivé à l'improviste, et Catherine,
qui venait d'accoucher, avait eu la force de
s'habiller et de s'asseoir sur un canapé pour le

(1) Le comte Nikita-Ivanovitch Panin était d'une origine
étrangère : son père sortait des Pagnini de Lucques; il était
entré comme lieutenant général au service de Pierre Ier. Le
comte Panin avait été dans les chevaliers-gardes, chambellan
**et grand écuyer** de l'impératrice Élisabeth.

recevoir; le czar avait pris la résolution de désavouer tous les enfants qu'il avait eus d'elle, et un ukase secret déclarait spécialement illégitime le czarevitch Paul, qui, d'après la loi du mariage, devenait héritier de la couronne de Russie; le czar voulait transmettre la succession à Ivan VI, détrôné par Élisabeth et détenu captif; celui-là avait le vieux sang russe dans les veines, et Pierre III espérait reconquérir sa popularité en le désignant pour héritier (1). Épris comme un fou de la comtesse Woronsoff, il déclarait sans déguisement son dessein de divorcer avec Catherine pour épouser la jeune comtesse.

Aucune de ces démarches n'avait échappé à l'impératrice, inquiète pour elle, très-troublée pour les droits de son enfant; avec l'activité habile de son caractère, elle élargissait sans cesse les rangs des conjurés parmi les mécontents : les ambassadeurs de France et d'Autriche appuyaient ses desseins, afin d'atténuer, de détruire l'influence absorbante de la Prusse auprès de Pierre III (2); on voulait donc, par un mouvement militaire, assurer la couronne à Catherine,

(1) On disait que ce n'était là qu'un jeu de popularité : Ivan restait toujours captif à Schlusselbourg.

(2) J'en ai donné les preuves dans mon *Louis XV*.

comme naguère on l'avait donnée à Élisabeth Petrowna; il fallait frapper un coup audacieux et sûr contre Pierre III.

Les informations les plus précises arrivaient à l'Empereur sur la conjuration, et il y demeurait incrédule. Le roi Frédéric de Prusse écrivait à Pierre III : « qu'il eut à prendre garde au-dessus, autour de lui. » Le czar qui se croyait sûr de l'affection du peuple et de la faiblesse des conjurés, répondait : « A l'égard de l'intérêt que vous prenez à ma conservation, je vous prie de ne point en vous inquiéter ; les soldats m'appellent leur père ; ils disent qu'ils aiment mieux être gouvernés par moi que par une femme ; je me promène seul à pied dans les rues de Péters-bourg, si quelqu'un me voulait du mal, il y aurait longtemps qu'il l'aurait exécuté (1). » Frédéric lui faisait sans cesse les mêmes révélations, en lui recommandant la prudence et la fermeté dans les circonstances les plus critiques.

Telle avait été la sécurité de Pierre III qu'il se préparait à quitter Pétersbourg pour accomplir une visite militaire à ses troupes dans la Poméranie, et avant de saluer les tentes de guerre il abandonnait sa capitale pour le palais de plai-

(1) **Autographe.**

sance d'Orianienbaum, où, sous la comtesse de
Woronsoff, s'organisaient les plaisirs et les fêtes
à l'occasion du jour de la naissance du souverain :
les avis qui venaient de tous côtés ne pouvaient
troubler la sécurité pleine et entière de Pierre III.
Cependant un des conjurés, arrêté par la police
du palais, venait de faire des révélations qui
pouvaient compromettre Catherine et ses amis.
Cette circonstance hâta la marche du complot.
Il n'y avait plus à hésiter devant une grande
répression.

Le plus hardi, le plus déterminé des conjurés
était Grégoire Orloff, à la taille de géant, à la
force herculéenne, l'aîné des cinq frères qui servaient dans le régiment des gardes; ils étaient
enfants d'un de ces strelitz que Pierre I<sup>er</sup> avait
fait massacrer sur la place de Moscou. Le czar
avait sauvé le père des Orloff à l'aspect de son
sang-froid, de son courage héroïque et de ses
formes athlétiques : Orloff était passé au service
du grand maître de l'artillerie Schouvaloff (1) et
de sa maîtresse la princesse Kourakin (2). On

(1) Comme cadet. Le feld-maréchal comte Schouvaloff, général d'artillerie fort distingué, fut le père du comte André
Schouvaloff, le charmant écrivain qui faisait de fort jolis
vers français et qui fut correspondant de Voltaire.

(2) Les Kourakin sortaient d'une illustre famille de la Rus-

disait que Catherine avait distingué les cinq frères Orloff parmi tous, et que ceux-ci s'étaient hardiment placés dans la conjuration ; ils avaient entraîné le régiment des gardes et, avec ce régiment, six autres encore, l'élite de l'armée russe.

L'événement ainsi préparé, la nuit du 8 au 9 juillet 1762 Catherine quitte secrètement le palais de Peterhoff, et monte sur une charrette, pour ne pas être reconnue, à côté de la comtesse Daschkoff ; d'abord habillées en paysannes du marché, toutes deux revêtirent ensuite l'uniforme d'officier. Les Orloff avaient tout soulevé dans la caserne : Catherine, à peine arrivée devant les portes, les gardes poussent des hourras et l'acclament impératrice de toutes les Russies, sous le nom de Catherine II ; le peuple bientôt la reconnut solennellement. Tandis que la troupe, sous les Orloff, soutenait le mouvement populaire, au son des cloches retentissantes les popes russes bénissaient l'impératrice avez enthousiasme.

L'empereur Pierre III, pendant cette révolte des conjurés à Pétersbourg, s'étourdissait de

sie blanche ; ils s'étaient tous voués à la diplomatie. Leur chef de race russe Ivanovitch était chambellan de Pierre Ier.

plaisirs et de fêtes au palais d'Oranienbaum, et ce fut au bal qu'il apprit que la garnison de Pétesbourg tout entière marchait contre lui. S'il avait suivi le conseil expérimenté du vieux maréchal Munnich, l'empereur réunissant sa garde de Holsteinois aurait attaqué hardiment les révoltés : vaincu, il pouvait se retirer dans une place de guerre et de là gagner la Prusse où il aurait trouvé un fidèle allié et un protecteur; vainqueur, il aurait affermi la couronne sur sa tête. Ce prince n'adopta aucun projet, et après avoir essayé de se retirer à Cronstadt, il se confia aux flots de la Newa, tandis que le chancelier Ismaïloff (1) portait à Catherine II son abdication; le triste et faible Pierre ne demandait en échange que la permission de se retirer dans le Holstein avec la comtesse de Woronzoff. Catherine ne refusa pas ces propositions; elle appela même l'empereur auprès d'elle à Peterhoff, lui faisant dire : « qu'elle voulait partager le gouvernement avec lui. » Était-elle de bonne foi? Mais les conjurés ne la laissèrent pas maîtresse des destinées de l'État. A peine Pierre était-il sur l'escalier du palais, qu'il

_______________

(1) Le chancelier Ismaïloff passa sur le champ aux conjurés et servit Catherine.

fut saisi, dépouillé de tous vêtements, obligé de signer l'acte de son abdication, puis jeté dans une prison d'État où six jours après les trois Orloff vinrent le visiter. Quel était le but de cette sombre mission ? s'agissait-il d'une nouvelle abdication ou de l'exil ? La prison était-elle le vestibule du sépulcre ? La seule version un peu certaine, c'est qu'une lutte corps à corps s'engagea dans le cachot : Pierre était d'une grande force musculaire, Alexis Orloff ne lui cédait en rien : le czar succomba sous ses étreintes; les doigts des mains colossales d'Orloff étaient marqués autour du cou, en trace bleuâtre ; le czar avait été étranglé dans une lutte presque sauvage. On dit que la nouvelle impératrice n'avait pas voulu cette funèbre catastrophe ; les Orloff seuls frappèrent le prince qui pouvait se venger un jour de tant d'outrages (1). Souvent dans ces sortes de violences, il arrive des accidents, des catastrophes qu'on ne voulait pas d'abord ; le fantôme sanglant des nécessités politiques se dresse devant vous pour commander ces crimes d'État qui sauvent les Empires; et c'est peut-être avec une pensée triste et rail-

(1) Un parti murmurait déjà et invoquait le nom de l'empereur Pierre III.

leuse que Voltaire célèbre Catherine comme la Sémiramis du Nord (1).

(1) La *Gazette de Pétersbourg* annonça officiellement que Pierre était mort d'une colique hémorrhoïdale ; le corps fut exposé dans la chapelle du palais ; on put remarquer les taches bleuâtres autour du cou. J'ai donné dans mon *Louis XV* la dépêche de l'ambassade de France sur cette catastrophe.

# IV

## Couronnement de l'impératrice Catherine II.
## Gouvernement des quatre Orloff.

### ( 1762 — 1764 )

La révolution qui renversait le czar Pierre III pour élever Catherine II, tout en s'adressant aux idées religieuses, avait été purement militaire, et les quatre frères Orloff avaient dirigé le mouvement avec une sûreté, une énergie qui faisaient honneur à leur courage et à leur esprit. Les Orloff se placèrent à côté de Catherine, presque à la hauteur du trône, lors du couronnement solennel à Moscou (1); ils tenaient l'é-

(1) Le couronnement solennel eut lieu à Moscou, au mois d'octobre 1762, par l'archevêque de Novogorod.

pée de commandement. C'était avec un éclat inaccoutumé que cette cérémonie religieuse avait eu lieu, afin de lui imprimer plus de grandeur. Les popes acclamaient la nouvelle souveraine qui rendait à l'Église russe son éclat, sa puissance, ses richesses. Le clergé et l'armée étaient favorables à Catherine, et c'étaient les deux plus grandes forces de l'État. Le mouvement bourgeois qui s'était un moment manifesté en faveur de Pierre III restait sans écho.

Les Orloff furent élevés aux premières dignités de l'État ; Grégoire, le plus aimé de tous, était nommé grand maître de l'artillerie, arme dans laquelle il s'était distingué. L'impératrice lui faisait construire un palais de marbre, orné comme un temple, avec cette inscription un peu prétentieuse et sentimentale : *Élevé par l'amitié et la reconnaissance.* Ces paroles étaient au moins inconvenantes et maladroites après les accusations terribles qui pesaient sur les Orloff ; l'amitié pouvait s'expliquer, mais la reconnaissance : était-ce pour le lugubre événement du palais qui avait donné la couronne à Catherine II ? Grégoire, dans sa beauté mâle et hautaine, n'était pas encore content de la situation élevée que lui avait fait l'impératrice ; il aspirait à une association à l'empire et à un mariage public (1); l'amour de Catherine pour Orloff paraissait extrême, il pouvait tout espérer d'une passion ardente et sans limite. Grégoire devait rendre à l'empire son caractère moscovite et primitif, en mettant la couronne à son front.

Le second des frères Orloff, à la taille herculéenne, élevé au grade de colonel des gardes, secondait son frère aîné dans ses projets ambitieux. Pour lui, il semblait que l'impératrice n'avait rien à refuser, car de ses mains de géant il avait lutté contre Pierre III dans le combat suprême. Le troisième frère, nommé Phédor, esprit cultivé, instruit, fut nommé sénateur, ainsi que l'aîné de la famille, Ivan, d'un esprit habile, réfléchi. Il semblait que tout fût réuni dans cette race des Orloff (russe sans mélange), la force, l'esprit, la finesse, la dignité. L'avénement de Catherine était ainsi sous la main des Orloff; leur volonté suprême se faisait souvent sentir à la souveraine qui les ménageait et les aimait à la fois par un sentiment qui

_______

(1) La proposition en avait été faite par le chancelier Bestucheff, homme d'État distingué. Le premier des Bestucheff, le comte Alexis Bestucheff Riounim, avait servi sous Pierre Ier; quelque temps en disgrâce, il avait été rétabli dans ses dignités par Catherine II.

s'explique et se retrouve chez les femmes.

Catherine II avait compris l'odieux caractère de son avénement au trône, et tout son soin dut être de le faire oublier par la tendance élevée et la générosité de ses actes; elle annonça hautement ses desseins de favoriser le commerce, la marine, l'industrie, l'agriculture; dans ses rêves de libéralisme, elle convoqua elle-même une assemblée de députés de toutes les parties de la Russie, afin de s'informer des besoins de chacune des populations. Quand cette assemblée fut réunie, la majorité qui, au reste, se montra bruyante, tumultueuse, lui vota néanmoins des remercîments, comme à *la mère de la patrie* (1). Catherine ordonna de préparer un Code général (2), basé sur des principes philosophiques auxquels elle se fût bien gardé de donner une exécution absolue. L'impératrice voulait que la Russie ne vît plus que l'avenir d'un grand règne sans se rappeler le passé de sa vie; elle espérait couvrir par l'éclat d'une haute popularité les sombres ténèbres d'un passé lamentable; on lui attribua

(1) Les médailles portent encore cette légende. (Les médailles du règne de Catherine sont splendides.)

(2) Elle en avait écrit la préface en français et l'avait remplie de doctrines empruntées à Rousseau, à Montesquieu.

le projet de donner la liberté aux serfs. A ce hardi projet qui eût bouleversé les intérêts et la constitution de la propriété russe, l'impératrice renonça comme à une idée qui n'était pas pratique au milieu des habitudes de la puissante aristocratie des boyards.

Catherine avait alors trente-trois ans; un peu grasse, avec la figure large, les yeux grands sous des cils marqués, un petit nez, une bouche assez fine, un double menton déjà, et avec cela les traits masculins que durcissaient encore le bonnet et le costume d'homme qu'elle portait souvent; elle n'avait pas ces lignes pures, ce teint opaque d'un rose pâle des femmes de l'aristocratie russe, cette bouche d'une paresse élégante dans la parole, cet abandon oriental pour l'amour à travers les gazes d'une modestie charmante; Catherine restait Allemande avec ce sentimentalisme romanesque et sensuel à la fois qu'elle garda fidèlement à toutes les époques de sa vie (1). Les dépêches des ambassadeurs sont unanimes sur son caractère; tout y annonçait qu'une ère nouvelle allait

(1) Le portait le plus ressemblant, ce fut la médaille qu'elle fit frapper à la suite de son voyage dans la Crimée ; Catherine est déjà avancée dans la vie, mais ses traits sont nobles et beaux.

commencer pour la diplomatie russe qui, sous son influence, entrerait plus profondément dans le droit public européen.

Dans les rapports de sa politique extérieure, en effet, Catherine II se montra réservée, expectante. Après la première impression produite par la mort étrange et tragique de Pierre III, l'Europe s'était repliée sur elle-même et avait cherché à tirer le meilleur parti possible de cet événement. Le cabinet de Louis XV qui, depuis longtemps, pressentait une crise, avait compris la portée de ce changement pour la diplomatie de la France ; le czar Pierre III s'était prononcé avec tant d'ardeur pour la politique prussienne ! enthousiaste de Frédéric, il en avait adopté sa cause au moment où ce monarque combattait la coalition franco-autrichienne (1). Catherine II devait reprendre les traditions d'Élisabeth, toutes favorables à la France ; on en avait la certitude. Or, en diplomatie, on n'a pas à examiner la moralité d'un événement, mais à lui faire produire les meilleurs fruits possibles pour le gouvernement et la nation que l'ambassadeur a mission de représenter.

(1) Le duc de Choiseul avait écrit tout un mémoire sur l'alliance russe. (Voir mon livre sur la *Marquise de Pompadour*.)

L'Autriche était dans la même situation que
la France pour donner une heureuse et bonne
impulsion à ses rapports diplomatiques avec
la nouvelle souveraine. Sur diverses questions
capitales, l'Autriche allait se trouver en contact
avec Catherine II : adopterait-on pour la Turquie
une politique semblable ou séparée? L'Autriche
se ferait-elle la protectrice de l'empire ottoman ou s'unirait-elle à la cour de Saint-Pétersbourg pour en préparer le partage? A l'é-
gard de la Pologne, il y avait le même intérêt
et le même doute; chaque puissance jusqu'ici
se tenait sur la réserve, mais l'avénement de
Catherine II hâtait une solution.

Il n'y avait pas jusqu'à Frédéric II qui,
toujours profondément dissimulé, n'eût envi-
sagé de sang-froid les conséquences de l'avénement de Catherine II ; assurément la czarine
couronnée n'aurait pas pour lui l'enthousiasme
militaire de Pierre III. Frédéric, le roi de
Prusse, était sans prestige pour cette impératrice à imagination qu'il croyait frivole et capri-
cieuse (1) ; mais la puissance intrinsèque de la
Russie était trop grande pour qu'en aucune

(1) Dans ses *Mémoires*. Frédéric, avec ses façons un peu
cyniques, parle de Catherine II et des Orloff; mais il ménage
la politique et l'amour-propre de Catherine II.

circonstance Frédéric voulût la blesser. Oubliant même bientôt ce qu'il devait à Pierre III, il se mit à caresser le côté toujours faible, l'amour-propre de Catherine; il loua ses lois, son Code, ses connaissances sérieuses, et dans cette époque de tragédie et de littérature rétrospective, il la proclama lui-même la *Sémiramis du Nord:* était-ce un éloge ou une épigramme sanglante? L'histoire antique ne disait-elle pas que Sémiramis, à travers ses grandeurs, avait sur sa conscience un crime sanglant, et l'ombre de Ninus errante apparaissait dans les tombes du palais de Babylone.

> Par ce terrible exemple, apprenez tous du moins,
> Que les crimes secrets ont les dieux pour témoins;
> Plus le coupable est grand, plus grand est le supplice :
> Rois, tremblez sur le trône et craignez leur justice (1).

(1) *Sémiramis* de Voltaire, acte 5.

# V

## Stanislas-Auguste (Poniatowski), roi de Pologne. — La guerre civile. — Intervention des Puissances.

### (1764 — 1768)

La politique du partage ne fut pas la première forme qu'adopta Catherine II à l'égard de la Pologne ; elle essaya d'abord de la politique d'influence et de domination qui pouvait maintenir la paix en Europe. Il fallait prendre un parti dans l'état d'agitation où se trouvaient les Polonais, poétique nation, créée par Dieu avec les sentiments les plus généreux, le caractère le plus héroïque et en même temps le plus agité, le plus indomptable, et je dirai presque le plus incompatible avec l'esprit d'ordre.

A cette époque, l'État qu'on appelait la République de Pologne cherchait un roi, et Catherine II leur proposa le prince qu'elle aimait de toute la force de ses premières affections : Stanislas-Auguste Poniatowski. Étrange et brillante destinée que celle du jeune comte Poniatowski proclamé roi ! Né d'une famille illustre mais peu fortunée de la Lithuanie, il avait reçu une éducation savante et littéraire très-avancée ; il était d'une figure charmante, d'une taille parfaite, tout plein de grâce dans la tournure et le langage. Le comte avait parcouru d'une façon libre et heureuse l'Italie, la France (1), l'Angleterre, où il s'était lié d'une vive amitié avec le chevalier William Hanbury, ambassadeur désigné pour Saint-Pétersbourg, qui avait emmené le jeune comte Poniatowski avec un titre secondaire dans sa légation. J'ai dit la fortune d'amour qui l'attendait au palais de Peterhoff. Quand, sur la réclamation de la France, Poniatowski dut quitter Pétersbourg, où il servait trop les intérêts de l'Angleterre, il s'était retiré à Varsovie. La protection de Catherine l'avait suivi, et lorsqu'il fut question d'élire un roi de

_________________

(1) Le comte Poniatowski avait mené joyeuse vie à Paris, il y avait contracté des dettes ; arrêté par ses créanciers, il fut libéré par madame Geoffrin, qui les paya.

Pologne, la czarine avait protégé de toutes ses forces l'élection de son jeune favori. Elle ouvrit son coffre et répandit à pleines mains l'or parmi les électeurs polonais (1).

La diète venait de se réunir sous la présidence des comtes Czartoryski, et par un vote solennel, le 7 septembre 1764, Poniatowski fut élu roi, sous le nom de Stanislas-Auguste. Jamais la Pologne n'avait été plus agitée, bien que l'agitation fût son état accoutumé. Le nouveau roi se conduisit avec prudence et modération au milieu des heurtements de partis. La nation polonaise, brillante et toujours en guerre civile, venait de se diviser en deux confédérations : l'une, composée des représentants des religions dissidentes, sous la protection de la Russie, de la Suède, de l'Angleterre, avait demandé la liberté de conscience que le nouveau roi avait pleinement accordée ; l'autre, formée à Bar (2) sous l'influence des évêques purs catholiques, avait réclamé l'unité religieuse de la Pologne ; les haines politiques et la violence

(1) L'élection du comte Poniatowski, devenu roi Stanislas-Auguste, fut principalement favorisée par les Czartoryski, ses deux oncles.

(2) Bar, petite ville de Podolie (20 mars 1768).

en vinrent à ce point entre les partis, que la confédération de Bar se mit en rébellion contre le roi ; elle déclara même le trône vacant, bien qu'il y eût un roi reconnu et salué par l'Europe.

Stanislas-Auguste, expression de l'esprit de tolérance et de la politique russe, luttait avec peine contre la confédération de Bar, lorsque s'ouvrit une première négociation entre l'Autriche, la Prusse et la Russie sur les éventualités d'un partage des provinces qui avaient été successivement réunies au royaume de Pologne, car on ne pouvait plus compter sur sa force d'unité. La première pensée de ce partage, ou pour mieux parler, de cette dislocation des provinces anciennement annexées à la Pologne, ne fut ni russe, ni autrichienne ; il est constaté par les archives diplomatiques (1) qu'elle vint de Frédéric de Prusse qui, plus tard, en attribua la première idée aux cabinets de Vienne et de Saint-Pétersbourg. Le roi Frédéric, maître de la popularité en Europe par ses liaisons avec le parti philosophique, répéta : « qu'il avait eu la main forcée dans la question du partage. » Au reste, comme il s'agissait en définitive de

_______

(1) J'en ai donné les preuves dans mon *Louis XV.*

lutter contre la confédération de Bar en vertu des principes de tolérance religieuse, il en reflétait sur la protection des trois puissances partageantes un vernis de liberté et de philosophie. La confédération de Bar restait purement catholique, ce qui la faisait condamner aux yeux des·encyclopédistes.

Ce n'était pas au reste une idée complétement injuste à l'égard de la Pologne que la résolution prise par les trois puissances de reprendre ces provinces. Depuis le xiv⁰ siècle, par la conquête ou par une suite de traités, les Polonais avaient conquis sur la race allemande et les Slaves Moscovites des territoires considérables, et ces conquêtes ou ces adhérences, les trois cours de Pétesbourg et de Berlin, encouragées par les excès du désordre et de l'anarchie, venaient les réclamer comme d'anciennes possessions. Dans leur manifeste, les trois cours disaient que : « l'intolérance de la fédération de Bar qui ne voulait pas admettre la liberté des cultes, faisait un devoir aux trois cabinets de prendre eux-·mêmes sous leur protection leurs anciens sujets de diverses religions dissidentes; ce qui justifiait suffisamment leur intervention armée (1). »

(1) Voyez sur tout ce qui touche la Pologne la belle collec-

Je ne dis pas que ces motifs fussent justes, mais au moins pouvaient-ils servir de prétexte à une intervention armée des trois cabinets avec d'autant plus de raison que dans ses folies ardentes, la confédération de Bar s'abandonnait à des actes insensés, tel que l'attentat commis par une troupe de brigands sur le roi Stanislas-Auguste qui fut enlevé à main armée (1). La Pologne était déjà en pleine guerre civile, lorsque la première idée du traité de partage fut mise en avant par Frédéric et développée par des négociations secrètes. Aussitôt, sous prétexte de se garantir de la peste qui venait d'éclater à Varsovie, un triple cordon militaire autrichien, russe, prussien se forma d'abord aux frontières extrêmes, se resserra peu à peu jusqu'à se transformer en armée d'occupation permanente des provinces que chacun des États devait posséder en vertu du partage. Les Russes mêmes occupèrent Varsovie, pour protéger la royauté de Stanislas-Auguste. Cette résolution soudaine

tion de pièces, du comte d'Angebert, publiée chez Amyot; c'est la plus complète collection de diplomatie.

(1) L'enlèvement de Stanislas-Auguste fut accompli par les ordres de Pulowski, le chef de la confédération de Bar. On peut en voir les détails dans un livre rare aujourd'hui : *Parens patriæ Stanislas-Augustus parricides exceptis redditusque*. Varsovie, in-8, 1778.

et inflexible fut justifiée par des manifestes
diplomatiques (1).

La situation précaire du nouveau roi Stanislas-
Auguste devait désormais dépendre de la Russie
et de Catherine II, à laquelle il devait le trône,
la sûreté de sa personne; et ce qu'il y avait de
plus triste dans sa position royale, c'est qu'il
dut assister comme souverain à la première dislocation de son royaume, car la Russie, l'Autriche, la Prusse s'étaient attribuées, sans scrupules, les provinces qu'elles occupaient par
simple voie de précautions sanitaires.

La Pologne, au reste, avec ses glorieux souvenirs et sa poétique imagination, ne dut qu'à
elle-même sa triste destinée : faut-il lui en faire
un reproche? Un peuple naît avec ses conditions
et ses défauts; on ne peut demander à l'esprit
gentilhomme les conditions pacifiques de la
bourgeoisie; la Pologne en était encore, au
moyen âge, aux turbulences des féodaux, à l'esprit de révolte et de désordre; elle n'était ha-
sardeuse que parce qu'elle était brave. Mais cet
esprit menaçait l'ordre, le repos des voisins;
les Polonais étaient les glorieux tapageurs de
l'Europe; le roi Stanislas-Auguste était frappé

(1) Ces manifestes ou notes sont du mois de mars 1772.

de déchéance par la confédération de Bar, la partie active de la nation, les trois États voisins au milieu desquels la Pologne était enclavée achevèrent de lui arracher les provinces que, dans ses jours de prospérité et de gloire, la Pologne avait conquises (1) et qu'elle perdait par ses imprudences. La première condition pour qu'un peuple soit respecté par ses voisins, c'est qu'il se respecte lui-même : on ne mérite l'indépendance que lorsqu'on forme un corps de nation, exécutant les lois qu'on s'est données. Les confédérations libres, turbulentes préparaient la ruine de la nationalité polonaise.

Ce fut par l'influence de la czarine que Stanislas-Auguste fut maintenu roi de cette partie du territoire que la Russie laissait à la Pologne. Catherine dicta elle-même les modifications que devait subir la constitution polonaise, constitution libérale, presque républicaine et pleine de méfiance contre le pouvoir du roi dominé par un conseil permanent qui nommait mêmè à tous les emplois; et l'impératrice se donna le mérite de cette constitution aux yeux des philosophes et

(1) Le traité de partage est de l'année 1773. On sépara de la Pologne 3945 lieues carrées; 2000 furent attribuées à la Russie, 1389 à l'Autriche et 556 à la Prusse.

des rêveurs d'institutions libres. Son habileté fut de donner une cause populaire à ses projets d'ambition, et de justifier ses agrandissements et ses conquêtes par l'esprit de liberté et d'idées humanitaires.

# VI

## Alliance des Turcs et des Polonais contre les Russes. — Campagne en Moldavie et Valachie.

### ( 1760 — 1774 )

Quand on parcourt, dans les archives des affaires étrangères, la correspondance des ambassadeurs français, soit à Vienne, soit à Berlin, on est frappé de l'injustice de cette opinion vulgaire, répétée dans toutes les histoires, qui accuse le cabinet de Louis XV d'avoir abandonné la Pologne dans la crise qu'elle s'était un peu elle-même créée par ses folles violences contre le roi Stanislas-Auguste (1) et par ses propres

(1) Il n'est pas une seule histoire de collége qui ne répète ce mensonge avec une niaiserie magistrale. Le précieux recueil dont j'ai déjà parlé, publié par le comte d'Angebert, constate les efforts de la France dans cette circonstance.

divisions civiles. Bien que la France n'eût pas à se louer personnellement des Polonais, et surtout de la confédération de Bar, le cabinet de Versailles s'était adressé à la Prusse et à l'Autriche, pour protester contre toutes leurs demarches et leurs intentions de partage; il ne fut pas écouté. Le cabinet de Versailles prit le parti de consulter directement l'Angleterre et de lui poser nettement cette question : « Au cas où la France ferait des démarches, ou même des menaces militaires à l'Autriche et à la Prusse, la Grande-Bretagne voudrait-elle s'y associer ? » Il fut répondu très-froidement par le cabinet de Londres : « que la Pologne l'intéressait peu comme force en Europe et qu'il n'était pas nécessaire de troubler la paix du monde pour chevaleresquement défendre une nationalité qui voulait se perdre elle-même. » L'Angleterre, alors particulièrement liée avec la Russie et la Prusse (1) dans les questions politiques et commerciales, voulait se constituer des alliances sur le continent contre la France. Le cabinet de Versailles restait donc isolé dans ses démarches loyales

(1) L'Angleterre caressait alors singulièrement la Prusse ; elle préparait aussi une alliance politique et commerciale avec la Russie, et tel était l'objet de la mission de sir Francis Herbert, depuis lord Sainte-Hélène, à Saint-Pétersbourg.

et sincères pour la Pologne : pouvait-il seul engager la guerre contre les trois puissances coalisées ?

Alors le cabinet de Versailles eut recours à sa vieille alliance avec la Porte-Ottomane, si forte et puissance de premier rang ; elle pouvait se préparer à une prise d'armes qui jetterait un certain embarras dans les mouvements militaires de la Russie et de l'Autriche. C'était le temps où s'accomplissait une alliance assez étrange : les Polonais, ces anciens ennemis des Turcs, n'hésitaient pas à s'allier avec eux pour se défendre contre les Russes. La Turquie, par son armée de terre et de mer, était d'un grand poids dans la balance européenne ; seulement la France faisait tous ses efforts à Constantinople pour engager le divan à la prudence, à ne pas trop précipiter les événements. Mais les Turcs, sous le charme de l'insurrection polonaise, s'étaient engagés avec la confédération de Bar, et sans déclaration de guerre, ils commençaient imprudemment les hostilités (1) contre l'empire russe. De son côté le cabinet de Saint-Pétersbourg publiait un manifeste contre la Porte-Ottomane et massait ses troupes sur le Danube.

(1) Le manifeste de Mustapha III, qui déclare la guerre à la Russie, est du 30 octobre 1768.

Une guerre contre les Turcs avait une grande popularité en Russie, et déjà le cabinet de Saint-Pétersbourg, pour affaiblir la puissance ottomane, favorisait l'insurrection de la Grèce et l'indépendance de l'Égypte. Catherine II qui voulait se rendre son clergé favorable se déclarait partout la protectrice de l'Église grecque; or, ce protectorat national et religieux, elle l'étendait sur la Grèce soulevée (1) comme sur la Sainte-Sophie de Constantinople. La France qui savait ce dessein se rapprochait de la Porte-Ottomane pour empêcher que la mer Noire ne devînt un lac russe; sans prendre parti directement pour la Turquie, le duc de Choiseul autorisa les enrôlements d'ingénieurs et d'officiers au service de la Porte-Ottomane. Tout le commerce français des échelles du Levant s'était ému du bruit de cette guerre.

Il fallait à la Russie une marine pour agir efficacement contre la Turquie; si ses armées de terre étaient assez puissantes pour lutter contre la force du grand vizir, la marine russe était insuffisante, et ce fut alors que l'Angleterre offrit son concours à la Russie; elle lui

______

(1) Le comte Alexis Orloff avait fait un premier voyage dans la Morée pour préparer la Grèce à une insurrection.

fournit un bon nombre d'officiers, sous le commandement du capitaine anglais Elphinston (1), et l'on peut dire que ce fut à l'Angleterre que la Russie dut ses premiers officiers de marine.

Les Orloff furent les actifs promoteurs de la guerre contre les Turcs; d'abord le vieil esprit russe le commandait. Les églises retentissaient des accents de la guerre sainte; les popes la prêchaient dans les chaires au milieu des cathédrales de Moscou et de Novogorod; les étendards étaient bénis. Les Orloff s'étaient placés à la tête de cet enthousiasme religieux, de ce mouvement national, pour profiter de la popularité de cette guerre toute russe. N'étaient-ils pas les descendants de ces vieux strelitz qui avaient si longtemps défendu l'esprit moscovite contre les innovations étrangères de Pierre Ier? Favoris de Catherine II, les Orloff, et Grégoire surtout, espéraient se créer des souverainetés dans l'empire ottoman. Puisque Stanislas-Auguste, le plus beau et le plus élégant chevalier de Catherine II, était élu roi de Pologne, pourquoi Grégoire Orloff, son plus fidèle

(1) Le capitaine Elphinston, Écossais d'origine, présida avec d'autres officiers anglais aux armements maritimes de la Russie. Elphinston avait juré à Catherine II qu'il brûlerait Constantinople.

serviteur, maître du cœur de sa souveraine, ne serait-il pas hospodar de la Moldavie et de la Valachie? Dans ce temps d'études classiques, l'insurrection de la Grèce ouvrait une large voie à toutes les ambitions qui rêvaient la résurrection des Hellènes; on voulait reconstruire cette nationalité perdue; car les Turcs n'étaient que campés en Europe.

Il était impossible de contester une énergique capacité à toute cette famille des Orloff; les Russes ont une aptitude générale. Grégoire Orloff dut commander l'armée de terre; Alexis Orloff fut improvisé amiral de la flotte russe qui devait agir dans l'Archipel. Toute l'Europe fut étonnée de voir un amiral créé par la seule volonté de l'impératrice; mais cet amiral était dirigé par les Anglais, alliés de la Russie (1).

Les Turcs prirent l'initiative de la guerre et soutinrent avec vigueur la confédération polonaise de Bar; ils envahirent la Pologne méridionale et attaquèrent sans hésiter les corps russes qui leur furent opposés. Le premier soin de Catherine II fut de s'adresser à ses alliés pour obtenir leur concours; comme il fallait de

(1) Sir Francis Herbert, ambassadeur d'Angleterre, favorisait tous les efforts de la Russie.

l'argent pour suivre une guerre sur une échelle considérable, l'impératrice contracta des emprunts en Angleterre, en Hollande; premier essai de la Russie dans la voie du crédit européen. L'Angleterre qui savait les alliances de la France et de la Turquie favorisait de toute sa puissance les efforts de la Russie contre la Porte-Ottomane. Elle ne pouvait craindre encore la marine russe, elle voulait s'assurer un vaste commerce avec cet Empire naissant à la civilisation.

La Grèce, excitée par les encouragements de la Russie et de l'Angleterre, était tout entière soulevée (1) ; mais la flotte ottomane pouvait facilement la contenir et réprimer l'insurrection. Ce fut alors que Catherine II résolut d'envoyer ses vaisseaux dans l'Archipel. La flotte partit de Cronstadt sous les ordres d'Alexis Orloff, improvisé amiral sous la direction d'officiers anglais que commandait le capitaine Elphinston. C'était une nouveauté qu'une grande escadre russe composée de vingt-cinq vaisseaux de guerre, voguant vers la Méditerranée ; les équipages étaient composés de Finois, de Hollandais

_______________

(1) La Morée commença l'insurrection avec une grande énergie.

et d'Anglais ; peu d'accidents marquèrent cette navigation (1). La flotte stationna près de six mois dans les ports d'Angleterre où elle recruta le complément de ses équipages ; elle acheta ses agrès, ses canons, ses brûlots, ses machines d'abordage ; le capitaine Elphinston prit place à côté d'Alexis Orloff, comme son guide et sa boussole. La navigation fut heureuse ; quelques accidents de tempête marquèrent la navigation de l'escadre russe dans l'Archipel ; elle put se présenter presque intacte devant la flotte ottomane alors sous le capitan pacha (2). Partout le soulèvement des Grecs avait favorisé les efforts du comte Alexis Orloff.

La flotte russe, dirigée par Elphinston, manœuvra avec assez d'habileté pour resserrer dix vaisseaux de ligne turcs dans la petite baie de Thessalie : ils furent incendiés par les brûlots, et ce succès fut célébré avec d'autant plus de joie et de retentissement que c'était la première campagne sérieuse de la marine russe. Cathe-rine fit remercier Dieu dans toutes les cathé-

(1) On peut lire dans la *Gazette de France*, 1770, avec quelle inquiétude le cabinet de Versailles suivait la marche de cette armée navale.

(2) Le capitan pacha se nommait Gazi Hassan, marin très-capable, ancien corsaire.

drales de Saint-Pétersbourg et de Moscou ; Orloff reçut les honneurs du triomphe ; on espérait franchir les Dardanelles, et le pavillon russe se déployerait devant Constantinople. L'Angleterre semblait alors tout à fait abandonner la Turquie qui n'avait plus pour appui que la France. Par les ordres de Louis XV, le baron de Tott (1) fortifiait les Dardanelles.

Pendant ce temps les armées russes passaient le Pruth sous la direction suprême du comte Orloff ; le commandant en chef était le prince Galitzin (2) ; un second corps d'armée qui devait agir dans la Bessarabie fut confié au comte ou prince Romanzoff (3). Les Turcs déployèrent une grande énergie dans cette campagne ; ils repoussèrent les premiers efforts des armées russes ; ils reprirent Bucharest et toute la rive droite du Pruth. Le grand vizir, à

(1) Le baron de Tott était un gentilhomme de la Ferté-sous-Jouarre, mais d'origine hongroise ; il était lieutenant-colonel de Berchini hussards ; il avait été chargé de plusieurs missions par le duc de Choiseul ; il garnit les Dardanelles de batteries flottantes qui empêchèrent les progrès du comte Orloff.

(2) Les Galitzins, fort nombreux, tiraient leur origine de Bazile Galitzin, ancien Kan de Tartares.

(3) Aussi d'une origine fort illustre ; il s'appelait Pierre Alexandrovich et servait depuis l'âge de quinze ans.

la tête de 150,000 hommes, menaçait le Danube, lorsque le comte Romanzoff, par une marche hardie, vint lui présenter bataille et remporta sur les Turcs une telle victoire que l'armée du grand vizir ne fut plus qu'un amas confus d'hommes, de chevaux, de canons et de fusils amoncelés. Le comte Panin emportait d'assaut le château de Bender; le comte Totleben (1) s'ouvrait un passage en Géorgie; le prince Dolgorouki (2) attaquait les lignes de Precop dans la Crimée, et en moins d'un mois il faisait la conquête de cette riche presqu'île, alors au pouvoir des rois tartares. Partout la victoire secondait les armées de Catherine II; il y avait comme un prestige attaché à son nom. L'Europe dut s'en préoccuper.

(1) Le comte Henri Totleben était d'origine saxonne; c'était le chef hardi d'un corps de partisans qui avait surpris Berlin à la tête de 5,000 hommes; c'est le premier général qui ait menacé la Circassie.

(2) Le prince Dolgorouki sortait d'une famille illustre, mais qui avait subi bien des disgrâces : le prince Serge Dolgorouki et ses frères Ivan et Wasili, accusés sous Biren de conspiration, avaient eu la tête tranchée, ou furent même écartelés; les Dolgorouki ont continué à servir avec distinction dans l'armée russe; le prince Michel Pétrowich fut aide de camp de l'empereur Alexandre; le prince Georges s'était fixé en France et il est mort à Courbevoie en 1829.

# VII

## Alliance de Catherine II
## avec le parti encyclopédique.

### (1765 — 1775).

Tout ce bruit de gloire, tout cet éclat d'armées était bien fait pour effacer la première
impression produite par le sombre événement
qui avait marqué l'élévation de l'impératrice.
Avec une habileté très-réfléchie, Catherine II
avait cherché à attirer vers elle l'opinion de la
littérature française qui gouvernait le monde ;
il est possible que cette tendance vers les lettres
fût dans le cœur de la czarine et qu'elle eût de
réelles et douces prédilections pour l'esprit (1).

(1) L'éducation de la czarine avait été faite à l'allemande ;
Catherine II était fort lettrée et écrivait en français, en allemand et en russe.

Mais ses avances répétées au parti encyclopédique furent évidemment dictées par le désir de grandir son nom et de favoriser ses desseins de conquête et de gouvernement.

Catherine II connaissait la popularité des philosophes ; elle savait leurs instincts rapaces, faciles en admiration ; enfin tout ce que les gens de lettres du xviiie siècle avaient de faux sentiments ; ils auraient vendu la politique de leur gouvernement, pourvu qu'on permît de blasphêmer en épicurien et qu'on favorisât leurs écrits. Catherine fit donc mille avances au parti philosophique pour obtenir ses applaudissements au milieu du grand drame de la guerre de Pologne et de Turquie.

Le chef et le patriarche de la philosophie, Voltaire, était depuis longtemps en rapport avec le comte Schouvaloff (1), chambellan de l'impératrice, à l'occasion du travail que le vieillard de Ferney préparait sur Pierre Ier. Voltaire avait reçu pour cette histoire des médailles d'or d'une valeur de 100,000 livres, des collections, de l'argent à pleines mains ; l'impératrice mettait un haut prix à ce que l'opinion de Voltaire fût fa-

______

(1) Le comte de Schouvaloff, dont j'ai déjà parlé, l'auteur de la jolie *Épître à Ninon*, qu'on aurait pu attribuer à Boufflers.

vorable à toutes ses entreprises, et le poète obéis-
sait doucement à sa voix dorée ; il écrivait à
Catherine une multitude de lettres pleines de
bassesses spirituelles et charmantes, comme
toujours : « Votre Majesté a des affaires plus
importantes que les miennes, écrivait-il : d'un
côté elle force les Polonais à être heureux (1) et
de l'autre elle pourrait avoir affaire aux Musul-
mans malgré Mahomet : s'ils vous font la guerre,
il pourra bien leur arriver ce que Pierre le
Grand avait autrefois en vue, c'était de faire de
Constantinople la capitale de l'empire russe ;
ces barbares méritent d'être punis par une impératrice du peu d'attention qu'ils ont pour les
dames. Il est clair que des gens qui négligent
tous les beaux-arts et qui enferment les femmes,
méritent d'être exterminés ; j'espère tout de
votre génie et de votre destinée. Mustapha ne
doit pas tenir contre Catherine ; on dit que Mustapha n'aime pas les vers, qu'il n'a jamais été à
la comédie et qu'il n'entend point le français, il
sera battu sur ma parole ; je demande à Votre
Majesté la permission de venir me mettre à ses
pieds et de passer quelques jours à sa cour, dès
qu'elle sera à Constantinople, car je pense très-

_______________

(1) C'est ainsi que Voltaire parlait du partage de la Pologne !

sérieusement que si les Turcs doivent être chassés de l'Europe ce sera par les Russes ; l'envie de vous plaire les rendra invincibles (1). »

C'est avec cet esprit de madrigal que Voltaire jugeait les deux grands événements qui se préparaient : le partage de la Pologne et la guerre de la Turquie ; il ne tenait aucun compte, ni de la politique de son pays, ni des intérêts des peuples partagés ; son enthousiasme poétique affecté poussait l'impératrice même à la conquête de la Grèce, à son annexion à la Russie : « Je voudrais vous demander à souper à Sophios ou au Péléponèse. » Aussi Catherine II rassurait Voltaire inquiet de tous les bruits qui circulaient sur les premiers échecs éprouvés par les Russes sous Galitzin. « Monsieur, écrivait-elle à Voltaire, nous sommes si loin d'être chassés de la Moldavie, comme votre *Gazette de France* (2) le publie, qu'il n'y a que quelques jours seulement que j'ai reçu des nouvelles de la prise de Galatz, nos troupes légères ont amené de Bucharest, capitale de la Valachie, l'hospodar, son

(1) Voltaire parlait ainsi au moment de l'alliance la plus intime entre la France et la Porte Ottomane.

(2) Les feuilles de M. de Choiseul étaient fort hostiles à la Russie. Voir mon livre sur la *Marquise de Pompadour*.

frère et son fils à Iassy. Tous ces messieurs passeront leur carnaval non à Venise, mais à Pétesbourg. Bucharest est à présent occupé par mes troupes (1). »

Voltaire ne se tient plus de joie de la bienveillante attention de l'impératrice, qui daigne l'informer de ses succès : « Je ne peux me défendre de dire encore à Votre Majesté que son projet est le plus grand, le plus étonnant qu'on ait jamais formé; que celui d'Annibal n'en approchait pas; j'espère que le vôtre sera plus heureux que le sien; en effet que pourraient vous opposer les Turcs? Ils passent pour les plus mauvais marins du monde, et ils ont actuellement très-peu de vaisseaux : Léandre et Héro vous favoriseront du haut des Dardanelles. Suis-je assez heureux pour que les troupes de Votre Majesté aient pénétré d'un côté jusqu'au Danube, et de l'autre jusqu'à Erzeroum ? Je remercie Votre Majesté de m'avoir fait connaître les cinq frères (Orloff) qui font l'ornement de votre cour ; je commence à croire qu'ils vous accompagneront à Constantinople (2). »

En réponse à cette flatteuse lettre, Catherine II

(1) Lettre autographe.

(2) Les Orloff avaient écrit à Voltaire; ils étaient la main qui envoyait les gratifications.

s'empressait d'annoncer à Voltaire la victoire éclatante remportée par le comte Romanzoff sur les Turcs : « J'ai le plaisir de vous annoncer que mon armée a remporté une victoire complète sur celle du seigneur Mustapha, commandée par le grand visir Aly-Bey, par l'aga des janissaires et par sept ou huit pachas ; ils ont été forcés dans leurs retranchements ; leur artillerie de 130 canons, leur camp, leurs digues, leurs munitions de tous genres sont tombés entre nos mains, leur perte est considérable ; la nôtre si modeste que je crains d'en faire mention, afin que le fait ne paraisse incroyable ; le combat a duré cinq heures (1). »

Ce n'était pas sans but que Catherine II entretenait cette correspondance ; Voltaire, c'était la trompette de la renommée, c'était la popularité dans le monde ; et à quelques jours de cette lettre, Voltaire publiait une épître à l'impératrice, et les muses lui étaient propices, car son langage était très-élégant et supérieur.

> Élève d'Apollon, de Thémis et de Mars,
> Qui sur son trône auguste a placé les beaux-arts,
> Qui penses en grand homme et qui permet qu'on pense ;
> Toi, qu'on voit triompher du tyran de Byzance

(1) Correspondance générale de Voltaire.

Et des sots préjugés, tyrans plus odieux,
Prête à ma faible voix des sons mélodieux
A mon feu qui s'éteint rend sa clarté première :
C'est du Nord, aujourd'hui, que nous vient la lumière (1).
On m'a trop accusé d'aimer trop Mustapha,
Ses vizirs, ses divans, son mufti, ses fetfa (2).
Fetfa! ce mot arabe est bien dur à l'oreille ;
On ne le trouve pas chez Racine et Corneille :
Du dieu de l'harmonie il fait frémir l'archet,
On l'exprime en français par *Lettres de cachet*.
Oui, je les hais, Madame, il faut que je l'avoue ;
Je ne veux point qu'un Turc à son plaisir se joue
Des droits de la nature et des jours des humains :
Qu'un bacha dans son sang trempe à son gré ses mains,
Que, prenant pour sa loi sa pure fantaisie,
Le vizir au bacha puisse arracher la vie,
Et qu'un heureux sultan, dans le sein du loisir,
Ait le droit de serrer le cou à son vizir.
Ce code en mon esprit fait naître des scrupules.
Je ne saurais souffrir les affronts ridicules
Que d'un faquin châtré, les grossières hauteurs
Font subir gravement à nos ambassadeurs (3).
Tu venges l'univers en vengeant la Russie ;
Je suis homme, je pense, et je te remercie !


(1) Ce vers est devenu presqu'un adage au xviii<sup>e</sup> siècle.

(2) Voltaire se justifiait ici d'avoir écrit ses tragédies de
*Mahomet* et de *Zaïre*.

(3) Il y avait encore certaines formules d'étiquette observées
pour la réception des ambassadeurs auprès de la Porte-Ottomane.

# VIII

## Gouvernement de Catherine II. —
## Développement
## de ses relations littéraires.

### (1764 — 1775)

Ces éloges de Voltaire, si parfaitement versi-
fiés, célébraient non-seulement la guerre mais
encore les projets du gouvernement civil de Catherine II, même ses travaux littéraires et sa vie
si chère au poëte et si glorieuse pour la Russie.
Catherine II venait d'écrire la préface de son
*Code des lois* destiné au peuple russe; préface,
je l'ai dit, pleine de maximes philosophiques
alors à la mode. Le but définitif de cette œuvre
était une réforme dans les coutumes et les lois
nationales; l'impératrice traduisait elle-même
cette préface en langue française, alors déjà

l'idiome universel (1); et dès ce moment elle ne fut plus appelée que la grande législatrice de son empire. Le roi Frédéric II, si railleur quelquefois, écrivait d'elle : « Si plusieurs reines ont acquis une grande célébrité, comme Sémiramis par ses armées, Élisabeth d'Angleterre par sa hardiesse, Marie-Thérèse par son étonnante fermeté dans le péril, Catherine seule a mérité le nom de législatrice. »

Et au bout de cette gloire et de cette renommée, Catherine II affermissait les conditions de son gouvernement. Les moyens qu'elle acceptait, choisissait, ou que les frères Orloff employaient n'étaient pas toujours modérés, tempérants et réguliers, mais le but était la durée et la fermeté de son gouvernement, le respect de son pouvoir : il y avait des exécutions soudaines, des mystères de palais, et le plus cruel de tous fut la mort d'Ivan (2), fils de la princesse Anne de Russie détrônée par Élisabeth. Ivan avait erré de province en province sous la protection des popes ou des moines du rite grec; enfin il s'était retiré dans le monastère

---

(1) Il existe plusieurs éditions de cette traduction en français. Barbier (*Dict. des anonymes*) dit que l'original est de 1769.

(2) En 1764 Ivan avait alors vingt-deux ans.

de Valdaï; lorsqu'il eut atteint sa seizième année, on le renferma dans la forteresse de Schlusselbourg, où l'avénement de Catherine l'avait trouvé résigné et sans ambition. Mais autour de lui s'était fait une conjuration hardie, conduite par un simple lieutenant du nom de Mirovitch; cet intrépide officier avait cherché à enlever Ivan. Le jeune prince était-il son complice? on ne le sait; mais une nuit il fut frappé de deux coups d'épée par deux autres officiers à qui sa garde avait été confiée: ils avaient ordre de le tuer au cas où l'on chercherait à l'enlever (1). De qui émanait cet ordre funèbre? de Catherine II ou des Orloff? tant il y a qu'il fut exécuté avec une cruelle inflexibilité. Ivan, qui avait du sang de Pierre dans les veines, inspirait de grandes craintes; les ukases de Catherine indiquaient la terreur que suscitait encore le nom d'Ivan; même après sa mort, tous les titres qui pouvaient constater sa légitimité furent détruits; il y eut peine de mort contre tous ceux qui se serviraient de monnaies ou de médailles à son effigie; enfin, la chapelle du château de Schlusselbourg, où s'était accom-

_____

(1) Les pamphlets prétendent que les Orloff avaient eux-mêmes préparé la conjuration afin d'avoir un prétexte pour se débarrasser d'Ivan.

.plie l'exécution du prince, fut détruite afin qu'il ne restât pas de trace de cet événement qu'on aurait dit une sombre légende des châteaux du moyen âge (1).

L'impératrice Catherine, si vantée pour sa philosophie et sa douceur, se montra non moins impitoyable dans la violente répression du complot qui avait pris pour bannière le spectre de Pierre III, et conduite par un cosaque hardi du nom de Pugatschef (2), qui avait soulevé les pleuples du Volga et menacé Moscou. Ce complot, Catherine cherchait à en atténuer la gravité dans une lettre confidentielle à Voltaire qui alors rassemblait les matériaux pour l'histoire de Russie : « Volontiers, Monsieur, je satisfais votre curiosité sur le compte de Pugatschef ; ce me sera d'autant plus aisé, qu'il y a un mois qu'il a été pris ou, pour parler plus exactement, qu'il a été lié et garrotté par ses propres gens dans la plaine inhabitée entre le Volga et la Jaick ; amené de-

(1) C'était dans cette même chapelle qu'Ivan avait été enterré.

(2) En russe Pougatschew. Malgré le mépris que Catherine chercha à jeter sur lui, c'était un brave officier qui avait glorieusement servi et qui était for[t] instruit ; il ressemblait d'une manière frappante à Pierre III.

vant le comte Panin, il avoua naïvement dans
son premier interrogatoire qu'il était cosaque
*du Don;* comme le général Panin a beaucoup
de cosaques du Don dans son armée et que ses
troupes n'ont jamais mordu à l'hameçon de ce
brigand (1), tout ceci fut bientôt vérifié par
les compatriotes de Pugatschef; il ne sait ni
lire ni écrire; c'est un homme essentiellement
hardi et déterminé; mais ce qui montre bien
jusqu'où l'homme se flatte, c'est qu'il a con-
servé l'espérance; il s'imagine qu'à cause de
son courage je pouvais lui faire grâce, et qu'il
ferait oublier ses crimes passés par ses services
futurs. S'il n'avait offensé que moi, son rai-
sonnement pourrait être juste, je lui pardonne-
rais, mais cette cause est celle de l'empire qui
a ses lois; elles seront exécutées pour lui et
ses complices (2). » A cette lettre froide et
sans pitié, Voltaire répondit par des explosions
de reconnaissance et d'admiration pour une
souveraine si grande, si magnanime. Pugatschef et ses complices étaient des brigands illet-
trés que Sémiramis pouvait sacrifier à sa gloire.
Le sang coula à flots.

(1) Pugatschef avait eu d'abord un grand succès, et ce
n'était pas un brigand.

(2) Autographe.

Ces exécutions en masse ou ces jugements impitoyables étaient couverts par le bruit et l'éclat du règne de Catherine II, par un faste de cour incomparable. Au milieu de ces nécessités cruelles, l'impératrice gardait un sentimentalisme enthousiaste. Dans le temple qu'elle élevait en l'honneur des Orloff, on voyait au milieu des jardins, dans les parterres, des colonnes, des pyramides consacrées aux grands hommes, aux philosophes les plus illustres, les plus dévoués à l'humanité; ce n'était partout que fêtes, jeux, plaisirs, carrousels où brillait le nom de Catherine chanté par les poëtes avec une ardeur toujours nouvelle, que venaient raviver les présents, les pensions, les actes d'une munificence impériale, et dans l'enthousiasme du philosophe Voltaire s'écriait encore :

> La gloire habite de nos jours
> Dans l'empire d'une amazone (1).
> Elle la possède et la donne ;
> Mais Thémis, les Jeux, les Amours,
> Sont en foule autour de son trône.
> Viens chanter cette Thalestris
> Qu'irait courtiser Alexandre ;
> Sur tes pas je voudrais m'y rendre
> Si je n'étais en cheveux gris.

(1) Ce vers faisait allusion aux habitudes masculines et militaires de Catherine II.

C'était bien de chanter Catherine II, ses fêtes, ses carrousels, ses pompes impériales, mais était-ce un motif pour lui sacrifier la France, que Voltaire devait aimer, car elle faisait sa gloire et sa renommée dans l'univers?

> Sans doute, en dirigeant ta course
> Vers les sept étoiles de l'Ourse,
> Tu verras, dans ton vol divin,
> Cette France si renommée
> Qui brille encor sur son déclin (1);
> Car ta Muse est accoutumée
> A se détourner en chemin.
>
> Tu verras ce peuple volage,
> De qui la mode est le langage,
> Régner dans vingt climats divers,
> Ainsi que ta brillante Grèce,
> Par ses arts, par sa politesse,
> Servit d'exemple à l'univers.

Tout à coup se révèle dans Voltaire ce fiel, cette haine qui l'animait contre le gouvernement de son pays.

> Mais il est encore des barbares,
> Jusque dans le sein de Paris,
> Des bourgeois pesants et bizarres,
> Insensibles aux bons écrits ;

(1) En dénigrant la France, Voltaire faisait la cour à Catherine II, à qui le cabinet de Versailles faisait de l'opposition à Constantinople et à Varsovie.

Des figures aux regards austères,
Persécuteurs atrabilaires
Des grands talents, des vertus (1).
Et, si dans ma patrie ingrate,
Tu rencontres quelque Socrate,
Tu trouveras vingt Anitus.

Je m'aperçois que je t'imite.
Je veux aux campagnes du Scythe
Chanter les jeux, chanter les prix
Que la nouvelle Thalestris
Accorde aux talents, aux mérites (2);
Je veux célébrér la grandeur,
Les généreuses entreprises,
L'esprit, les grâces, le bonheur,
Et j'ai parlé de nos sottises.

Cette espèce de galimatias mythologique adressé à Catherine II était surtout une déclamation destinée à grandir les protecteurs de la philosophie. Il s'agissait à Paris d'une difficulté très-grave pour l'école du XVIII<sup>e</sup> siècle : d'Alembert publiait son prospectus de l'*Encyclopédie* (3), aurait-on, du conseil général, le pri-

(1) Ces invectives s'adressaient aux Parlements, qui poursuivaient, avec justice et raison, les livres funestes et scandaleux publiés par les philosophes.

(2) Catherine II avait distribué des prix et des récompenses dans les tournois de Saint-Pétersbourg.

(3) Le prospectus est de 1765. J'ai écrit l'histoire de cette lutte dans mon *Louis XV*.

vilége pour ce grand fatras de philosophie, de littérature et de sciences? Catherine II venait d'écrire à d'Alembert pour lui offrir de publier l'*Encyclopédie* dans ses États où il trouverait toute liberté pour ses opinions : l'impératrice allait bien au delà des encouragements du roi de Prusse qui se bornait à favoriser les Encyclopédistes sans corrompre les peuples de ses États; elle offrit à d'Alembert, avec toutes les douceurs et les magnificences souveraines, la direction suprême de l'éducation de son fils, le czarevitch Paul, l'héritier présomptif de la couronne impériale. D'Alembert bien renté, bien pensionné par le roi Louis XV (1), accoutumé à la société française douce et facile, un peu maladif, déjà plein de marasme et de vapeurs, refusa ces offres : Catherine ne se découragea pas et daigna écrire de sa propre main au philosophe : « Monsieur d'Alembert, je viens de lire la réponse que vous m'avez écrite, par laquelle vous refusez de vous transporter dans mes États pour suivre l'éducation de mon fils (2) ; philosophe comme vous êtes, je comprends qu'il ne vous coûte rien de mépriser ce qu'on appelle les grandeurs et

(1) Il avait plus de 20,000 livres de pension.

(2) Depuis, l'empereur Paul Ier.

honneurs de ce monde : à vos yeux, cela est peu de chose et je me range facilement à votre avis. A envisager pourtant les choses sur ce pied, je regarderai comme très-petite la conduite de la reine Christine qu'on a tant louée et souvent très-blâmée à plus juste titre ; mais être appelé à contribuer au bonheur et même à l'instruction d'un peuple entier et y renoncer cependant, c'est refuser, ce me semble, le bien que vous avez à cœur; votre philosophie est fondée sur l'humanité, permettez-moi de vous dire que refuser de la servir, quand on le peut, c'est manquer à son but; je vous sais trop honnête homme pour attribuer votre refus à la vanité ; je sais que la cause en est dans l'amour du repos, pour cultiver les lettres et l'amitié; mais à quoi tient-il? Venez avec tous vos amis, je vous promets de vous donner toutes les avances et les facilités qui dépendront de moi ; et peut-être trouverez vous plus de liberté et de repos que chez vous ; vous me direz que vous ne vous êtes point prêté aux instances du roi de Prusse et à la reconnaissance que vous lui devez : mais ce prince n'a point de fils (1) ;

(1) On éprouve une secrète douleur à voir Catherine II descendre à ce point. Que serait devenu le czarevitch Paul élevé par d'Alembert?

j'avoue que l'éducation de ce fils me tient fort
à cœur et vous m'êtes si nécessaire que peut-
être je vous presse trop ; pardonnez mon indis-
crétion en faveur de la cause, et soyez persuadé
que c'est l'estime qui m'a rendu si intéressée. »

« CATHERINE. »

« *P. S.* Dans toute cette lettre je n'ai employé
que les sentiments que j'ai trouvés dans vos
propres ouvrages et vous ne voudrez pas me
contredire (1). »

Quelle était donc la fatale erreur de Catherine II, quel entraînement la poussait à confier
l'éducation de son fils à ces destructeurs de toute
société? On peut juger néanmoins quel fol orgueil de telles avances inspiraient au parti philosophique, et cette lettre, communiquée à tous les
adeptes, fut pour eux une occasion de triomphe
vaniteux. D'Alembert tira parti de son refus
auprès du duc de Choiseul qui accorda le privilége de l'*Encyclopédie.* D'Alembert avait une
magnifique position à Paris : secrétaire per-
pétuel de l'Académie des sciences, à la tête de
l'*Encyclopédie,* il devenait le centre et le protecteur de toute la littérature : que pouvait-il

_______

(1) Cette lettre fut rendue publique par d'Alembert.

souhaiter de plus? Il put se donner tous les honneurs d'un refus aux offres de Catherine.

Catherine II ne perdit point courage, elle daigna s'adresser à Marmontel qui venait de publier *Bélisaire*, cette œuvre pédante qu'on s'arrachait partout avec enthousiasme ; quand on lit aujourd'hui *Bélisaire*, on se demande comment cet ouvrage put inspirer tant d'admiration ! Cette suite de déclamations niaises sur les devoirs des rois, sur l'ingratitude des grands, étaient applaudies dans le monde le plus élevé, et ce qu'il y avait de plus curieux, c'est que les rois eux-mêmes se prenaient d'une belle passion pour ces sortes de livres, ennuyeux et emphatiques, dont le type était toujours Télémaque. L'enthousiasme pour *Bélisaire* vint à ce point que, dans le palais de l'Hermitage, l'impératrice traduisit·elle-même quelques chapitres, et en donnait à traduire à ses courtisans (1). Il y avait chez Catherine, je le répète, un certain libéralisme de convention qui au reste n'empêchait ni les actes arbitraires, ni les actions suprêmes ; on faisait de grandes phrases, on parlait des droits de l'homme si

---

(1) Cette manie devint contagieuse dans son voyage en Crimée.

heureux dans l'état de nature, des devoirs philosophiques des souverains sur le trône, et chacun
faisait ensuite dans son égoïsme ce qui lui con-
venait. Ainsi était le xviii<sup>e</sup> siècle.

Diderot fut le mieux traité de tous : Catherine, souveraine et mère de famille, combla de
toute magnificence, l'homme qui avait attaqué
le plus profondément la société et la famille.
Catherine lui acheta cinquante mille livres sa bibliothèque ; elle la lui laissa en toute jouissance
en lui assignant une pension de cent louis comme
garde de cette bibliothèque (1) ; et comme Diderot était dans la gêne, elle lui fit payer cinquante années d'avance de son traitement, et
le philosophe reçut à la fois cinq mille louis. La
lettre de Catherine engageait Diderot non point
à se charger de l'éducation de son fils, mais à
venir à Pétersbourg passer quelques mois à sa
cour (2). Diderot, alors absorbé dans l'*Encyclopédie*, renvoya ce voyage à quelques années,
et nous le retrouverons à Pétersbourg dans des
causeries intimes avec l'impératrice.

(1) Cette affaire fut conduite avec une grande délicatesse de
procédés de la part de Catherine II. Diderot publiait à cette
époque ses livres les plus licencieux.

(2) Le *Journal littéraire* de Bachaumont célébrait les libé-
ralités de Catherine dans un langage fort pompeux, ce qui
la rendait très-populaire.

# IX

# Projet de Catherine II sur la Grèce. — Développement de sa politique à l'égard de l'empire ottoman.

### (1772 — 1778)

Ces munificences jetées avec un éclat retentissant n'étaient pas entièrement désintéressées, car à ce moment l'impératrice Catherine avait besoin plus que jamais du concours des écrivains de renommée, maîtres de l'opinion publique, pour accomplir ses idées et réaliser le projet de ses rêves, l'objet de toutes les ambitions de la politique russe, la destruction de l'empire turc en Europe (1). L'impératrice n'a

---

(1) Le département des affaires étrangères, en France, sous le duc d'Aiguillon, s'opposait de toutes ses forces aux projets de Catherine ; j'ai donné les dépêches importantes dans mon *Louis XV*.

vait pas en vain évoqué le nom de la Grèce auprès des écrivains classiques, amoureux d'Homère, d'Eschyle, de Pindare ; tous offraient de seconder le projet de Catherine II avec joie, sans s'inquiéter des intérêts diplomatiques de leur propre pays qu'ils pouvaient heurter ; et lorsque la Grèce insurgée appelait le protectorat de la Russie, Voltaire écrivait :

« Si vous étiez souveraine de Constantinople, Votre Majesté établirait bien vite une belle Académie grecque ; les Xeuxis et les Phidias couvriraient la terre de vos images, la chute de l'empire ottoman serait célébrée en vers grecs ; Athènes serait une de vos capitales, la langue grecque deviendrait la langue universelle ; tous les commerçants de la mer Égée demanderaient des passe-ports à Votre Majesté. Que Votre Majesté me permette seulement de plaindre ces pauvres Grecs qui ont le malheur d'appartenir à des gens qui parlent turc ; ce sont des petites mortifications que j'éprouve au milieu de toutes vos victoires ; c'est bien assez qu'en aussi peu de temps vous soyez maîtresse absolue de la Moldavie et de la Valachie, de presque toute la Thessalie, des deux rivages de la mer Noire, d'un côté vers Azoff, de l'autre vers le Caucase. Je remets toujours au premier congrès (1) les intérêts des jeux olympiques et du théâtre d'Athènes entre vos mains; mais j'aime mieux m'en rapporter à une bataille qu'à une assemblée de plénipotentiaires; vous êtes si bien servie par le comte Orloff et le maréchal Romansoff!... Si vous accordez la paix à Mustapha, que deviendra la pauvre Grèce? que deviendra le beau pays de Démosthène et de Sophocle? Je serai toujours affecté de voir le théâtre d'Athènes changé en potager et le lycée en écurie. »

Nul ne pouvait blâmer ce vœu légitime pour l'émancipation de la Grèce; mais le parti encyclopédique, sans prendre garde aux intérêts de la France, appelait le partage de la Turquie entre la Russie et l'Autriche. Voltaire avait son plan tout fait, et avec une charmante légèreté il écrivait encore à l'impératrice Catherine II pour qu'elle eût à le mettre à exécution, de concert avec Marie-Thérèse, l'impératrice d'Autriche, qui venait de restaurer et de grandir le pouvoir impérial à Vienne (2).

(1) Lorsque Voltaire écrivait cette lettre, des conférences étaient ouvertes pour la paix; le comte Romansoff stipulait une amnistie pour les Grecs; elle fut mal observée par la Porte-Ottomane.

(2) Marie-Thérèse, fidèle à son alliance avec la France, se-

« L'auguste Catherine ne pourrait-elle pas dire à l'auguste Marie-Thérèse : — Ma chère Marie, savez-vous que les Turcs sont venus deux fois assiéger Vienne? songez que vous laissez passer la plus belle occasion qui se soit jamais présentée depuis Ortogul, et que si on laisse respirer les ennemis du nom chrétien et de tous les beaux-arts, ces maudits Turcs deviendront peut-être plus formidables que jamais. Le chevalier Tott qui a beaucoup de génie, quoiqu'il ne soit pas ingénieur, fortifiera toutes ses places sur la mer Égée et sur le Pont-Euxin, quoique Mustapha ignore que ces deux petites mers se soient jamais appelées Pont-Euxin et mer Égée, et les janissaires et les spahis se disciplineront. Voilà notre ami Ali-Bey mort (1), Mustapha va être le maître absolu de ce beau pays d'Égypte qui adorait les chats. Profitez d'un moment qui reste encore : Russes, Prus-

condait le cabinet de Versailles dans son système de protection à l'égard de la Porte-Ottomane. Joseph II changea de politique.

(1) Ali-Bey avait essayé de rendre l'Égypte indépendante : on peut voir aux *Affaires étrangères* les projets que déjà la France avait sur l'Égypte ; je les ai indiqués dans mon *Louis XVI*. Ces projets furent repris sous le Directoire, et les mémoires sur l'Égypte furent communiqués par M. de Talleyrand au directeur Barras et au général Bonaparte.

siens, Autrichiens, fondons sur ces ennemis de l'Église ; nous accorderons au roi de Prusse une ou deux provinces de plus, et allons souper à Constantinople. » Ainsi, selon Voltaire, devait parler Catherine à Marie-Thérèse, et telle était la politique qu'il conseillait à l'impératrice de Russie sans s'occuper de la France qui, elle, était liée d'intérêts avec la Porte-Ottomane pour son commerce et sa navigation. Voltaire suivait pas à pas les phases de la guerre ; il appelait de tous ses vœux les Russes à Constantinople.

Bientôt de Galitzin (1) la vigilante audace
Ira dans son sérail éveiller Mustapha,
Mollement assoupi sur son large sofa,
Au lieu même où naquit le dieu de la Thrace.

O Minerve du Nord ! ô toi, sœur d'Apollon !
Tu vengeras la Grèce, en chassant ces infâmes,
Ces ennemis des arts et ces geôliers des femmes.
Je pars, je vais t'attendre aux champs de Marathon.

C'est toujours avec l'enthousiasme pindarique que Voltaire parle du progrès des Russes dans la guerre ; il poursuit les Turcs de ses

(1) Ce nom de Galitzin était mal choisi, car ce prince venait de recevoir un échec.

anathèmes, il veut que la race en soit exter-
minée pour mettre cette hécatombe aux pieds
de la czarine :

Frappez, exterminez les cruels janissaires,
D'un tyran sans courage esclaves téméraires.
Du malheur des mortels, instruments malheureux,
Ils voudraient qu'à la fin, par le sort de la guerre,
  Le reste de la terre
  Fût esclave comme eux.

Puis, s'adressant aux armées russes victo-
rieuses, le poète s'écrie :

La Minerve du Nord vous enflamme et vous guide,
Combattez, triomphez sous sa puissante égide,
Galitzin vous commande et Byzance en frémit,
Le Danube est ému, la Tauride est tremblante,
  Le sérail s'épouvante,
  L'univers applaudit.

Il faut remarquer qu'à l'époque où ces vers
enthousiastes étaient écrits, le triomphe des
armées russes était encore incertain et mêlé de
revers. Après la victoire du maréchal Romansoff sur le grand vizir, aucun obstacle ne s'opposait plus aux progrès des Russes, et peut-être
auraient-ils marché sur Constantinople sans
l'intervention active de la diplomatie. L'Angleterre qui jusque-là avait soutenu la Russie·

dans ses projets, déclara que l'existence de la
Porte-Ottomane était nécessaire à l'équilibre
européen; la France parla un langage encore
plus ferme; l'Autriche elle-même s'alarma, et
il n'y eut pas jusqu'à la Prusse qui ne témoi-
gnât ses craintes sur un agrandissement dé-
mesuré des forces de la Russie : de longues
conférences s'engagèrent et le cabinet de Saint-
Pétersbourg voulant témoigner de sa modération
au moment où s'accomplissait le partage de la
Pologne, accepta des conditions limitées par le
traité de Kainardji, signé au mois de juillet 1774.
La Russie céda toutes les conquêtes qu'elle avait
accomplies, excepté Azow, Tangarok et Kinburn,
à la condition que la Crimée garderait son indépendance et que la mer Noire serait libre au
commerce de toutes les nations (1).

Ces conditions n'étaient pas sans importance
dans l'avenir; la Crimée, indépendante sous le
gouvernement des chefs Tartares, devait tôt ou

______

(1) Le traité de Kainardji fut l'œuvre personnelle du comte
Orloff. Il contenait vingt-quatre articles : libre navigation de
la mer Noire; sécurité pour les pèlerins allant à Jérusalem ;
règlement de l'administration pour la Moldavie et la Valachie; le titre de padischa désormais donné à l'empereur de
Russie; privilège des consuls et des ambassadeurs; construc-
tion d'une église grecque à Péra; protection accordée à la
Russie sur toutes les églises grecques, etc.

tard tomber aux mains de la Russie qui pouvait soulever les intérêts, les passions, faire naître des causes de rivalité et de guerre. Quant à la liberté de la navigation dans la mer Noire, juste et libérale en principe, cette liberté de navigation entraînait avec elle-même le libre passage des Dardanelles et exposait par conséquent Constantinople aux canons de la flotte russe. Souvent les traités diplomatique ne posent que des jalons pour une situation nouvelle : jamais les grandes conquêtes ne se font tout d'un coup; on marche peu à peu à son but. Le traité de Kainardji, quoique modéré dans ses conditions, ouvrait toutes les voies de l'avenir à la Russie contre la Porte-Ottomane. C'est ainsi que l'envisageaient les hommes d'État, et une dépêche du baron de Thugut (1) qui assistait au traité, s'exprima ainsi : « Ce traité est un modèle d'habileté de la part des Russes, et aux termes de ce traité, la Russie sera toujours maîtresse, quand elle le jugera à propos, d'opérer des descentes sur la mer Noire. De sa nouvelle frontière de Kertch, elle pourra conduire en qua-

______

(1) Le baron de Thugut était l'un des hommes d'État qui connaissait le mieux l'Orient; il avait été attaché depuis l'année 1754 à l'internonce autrichien, à Constantinople, comme interprète.

rante-huit heures un corps d'armée jusque sous les murs de Constantinople, et le sultan n'aura plus qu'à fuir en Asie, abandonnant le trône de l'Empire ottoman à un possesseur plus habile. La conquête de Constantinople par les Russes pourra se faire à l'improviste et avant même que la nouvelle en soit portée aux autres puissances chrétiennes. » Une circonstance curieuse de ce traité, c'est qu'il ne fut rien stipulé de particulier pour la Grèce qui pourtant avait donné le signal de l'insurrection. C'était en évoquant les grandes ombres du théâtre grec que Catherine II avait intéressé toute la littérature au succès de ses armes ; elle paraissait combattre pour Eschyle, Homère, Sophocle, Socrate et Thémistocle. Catherine II avait profité de cet élan ; et les Grecs furent ensuite délaissés ; l'impératrice s'excusa sur le peu d'appui qu'elle avait trouvé dans les cabinets de l'Europe pour assurer l'indépendance des Hellènes ; elle n'avait pu agir toute seule, et son protectorat était même considéré avec méfiance. L'Angleterre surtout avait vu la question avec son sang-froid pratique des affaires. Le protectorat russe sur l'Archipel c'était sa suprématie commerciale sur la Méditerranée, et à aucun prix l'Angleterre ne voulait l'admettre.

On avait pu évoquer les ombres des vieux Grecs pour intéresser l'Europe en faveur de l'indépendance des Hellènes; mais les Grecs du XVIII<sup>e</sup> siècle n'étaient pas ce qu'ils avaient été dans l'antiquité; ils avaient commis toute sorte d'excès de piraterie (1); les Turcs n'avaient pas été les plus impitoyables dans la guerre; les Athéniens, les Lacédémoniens de l'antique Grèce avaient disparu pour faire place à une race, toujours vaillante, de corsaires, de forbans qui, le cimeterre à la main, respectaient peu les pavillons même chrétiens. La Grèce fut un moment abandonnée sans être pourtant délaissée. Son temps devait venir (2).

Il s'était élevé une classe d'antiquaires et de savants politiques qui reconstruisaient la Grèce par ses monuments; placée sous la direction du comte de Choiseul-Gouffier, elle partait, groupée autour de lui, pour son ambassade à Constantinople (3). Parmi les attachés, on

(1) Voir la *Gazette*, 1772-1774.

(2) A chaque dix années les agents de la Russie provoquaient une insurrection grecque; ce fut en 1826 que l'indépendance de la Grèce fut reconnue et son royaume constitué.

(3) Le comte Choiseul-Gouffier, cousin de l'ancien ministre des affaires étrangères, fut nommé à l'ambassade de Cons-

comptait un savant abbé, antiquaire de premier mérite, l'abbé Barthélemy, qui préparait son *Voyage du jeune Anacharsis*. A l'aide des médailles et des historiens de l'antiquité, l'abbé Barthélemy avait reconstruit la Grèce avec ses mœurs, ses habitudes, et dans les salons du comte de Choiseul on ne parlait que des beaux-arts et de la philosophie, des heureux jours de la noble Hellénie (1).

Catherine II laissait marcher ces idées qui tôt ou tard devaient profiter aux intérêts de la Russie ; à ses yeux le traité de Kainardji n'était qu'un point d'arrêt, qu'une halte dans la politique conquérante de la Russie ; on ne va pas d'un seul coup à ses fins. A ce moment s'élevait à Pétersbourg un homme de génie, qui embrassait les plus vastes horizons. Je veux parler du prince Potemkin.

tantinople en 1784 ; il s'était fait connaître par son beau voyage dans l'Asie mineure.

(1) L'abbé Delisle était aussi attaché à cette ambassade, et il adressa ces vers à M. de Choiseul sur la Grèce :

> Et belle encore, malgré les injures de l'âge,
> Avec ses monuments, ses héros et ses dieux,
> La Grèce tout entière reparaît à vos yeux.

# X

## Origine et développement
## de la puissance du prince Potemkin.

### (1760 — 1784)

Le grand art de Catherine II fut toujours d'admirablement choisir les ministres favoris qu'elle destinait à partager le gouvernement de l'État ; l'histoire sérieuse ne doit point aller chercher dans de plats et odieux pamphlets (1) la chronique scandaleuse des passions de l'impératrice : la vie privée n'appartient à personne et la confession n'existe que devant Dieu ; mais ce que l'histoire doit remarquer et louer, c'est

(1) Ces pamphlets furent publiés surtout à l'époque de la révolution française, quand Catherine s'était déclarée contre les gouvernements de cette époque ; les écrivains vulgaires ont puisé leurs renseignements dans CASTERA, *Vie de Catherine II* ; c'était un ancien résident français expulsé de Varsovie.

que ceux qu'on a dit les favoris de Cathérine furent habilement appropriés à la situation politique et au besoin de l'empire russe, à sa grandeur et à ses destinées : Stanislas-Auguste gardait la Pologne avec le titre de roi, les frères Orloff, esprits d'énergie, soldats à coups de forces, affermirent le pouvoir aux mains de Catherine II ; le comte de Romansoff remporta les grandes victoires et il en finit avec la puissance militaire de la Turquie en Europe ; enfin le prince Potemkin fut l'homme d'État des grandes ambitions de la Russie sur le monde, il fut l'expression la plus complète des vastes idées de Catherine II. À travers quelques excentricités de paroles et de coutumes, on doit le placer parmi les hommes politiques du premier mérite.

Grégoire – Alexandrowitch Potemkin, d'origine polonaise, était né aux environs de Smolensk (1) : son éducation avait été sérieuse, car il fut destiné aux études ecclésiastiques (2) ; mais à l'université de Moscou, tout absorbé néanmoins qu'il pût être dans ses études, et spécialement dans la théologie, Potemkin s'instruisit dans les sciences du gouvernement et

(1) Le 7 septembre 1736.

(2) Potemkin appartenait au dernier ordre de la noblesse russe.

dans l'art de la guerre ; ses habitudes, ses mœurs n'étaient pas en rapport avec la vie du pope ou du moine, et ce fut un jour heureux pour le jeune Potemkin lorsqu'il lui fut permis de prendre une épée ; la beauté de ses traits, la majesté de sa taille le firent admettre aux chevaliers-gardes. Dans la nuit décisive où Catherine II (1) osa la révolte contre son mari, Potemkin s'aperçut qu'il manquait à l'impératrice, revêtue d'un uniforme militaire, la dragonne au pommeau de l'épée, signe distinctif du rang d'officier dans l'armée russe ; le jeune Potemkin détacha la sienne et la noua à l'épée de l'impératrice, qui accepta gracieusement la galanterie du jeune officier ; le lendemain Potemkin fut nommé colonel et reçut la mission d'annoncer à la cour de Stockholm l'avénement de l'impératrice au trône de Russie.

Si nous admettons avec les chroniques-pamphlets les nombreuses passions de Catherine II, ses attachements pleins d'ardeur, il est impossible alors de ne pas faire une piquante remarque, c'est qu'elle tient presque tous ces charmants jeunes hommes loin d'elle et en

_______

(1) Le 8 juillet 1762. Potemkin n'avait pas encore vingt-six ans.

perpétuels voyages : Poniastowski à Varsovie ; les Orloff toujours en missions, l'un commande les armées, l'autre la flotte ; Romansoff est sur le Danube ; et à peine Potemkin est-il distingué par la faveur de sa souveraine, qu'il va représenter l'impératrice à Stockholm. Singulières amours, il faut bien le dire, que celles-là, surtout si on les rapproche des goûts sensuels que ces mêmes pamphlets prêtent à Catherine. Il faut donc plutôt croire, à l'honneur de la czarine, que les sentiments qu'elle inspirait à ses favoris tenaient à la foi chevaleresque des sujets envers leur souveraine, et que son grand art était de choisir, de distinguer les esprits, les caractères les mieux en rapport avec la situation. Le choix de Potemkin se rattacha surtout à cette cause générale ; c'était un esprit supérieur, d'une éducation plus élevée que celle des Orloff (1) ; poëte, littérateur, musicien dans la douce harmonie de l'Église grecque, il louait l'impératrice avec une délicatesse enthousiaste, et la cour répétait des mots ravissants de Potemkin ; il disait de l'impératrice : « Quand cette femme charmante entre dans un lieu sombre, elle l'éclaire. »

(1) Voltaire disait des Orloff : « Ils sont bien polis, bien civilisés ; frottez un peu, la peau d'ours reparaît. »

Nommé chambellan de l'impératrice (général major) (1), Potemkin fut envoyé presque aussitôt à l'armée de Romansoff pour faire la guerre contre les Turcs ; il s'y comporta vaillamment, avec une intelligence si distinguée et une bravoure si chevaleresque, que le comte Romansoff le désigna pour porter à l'impératrice les drapeaux pris sur l'ennemi. Au milieu de ces étendards au croissant d'argent et de ces mille queues de chevaux qui flottaient au vent, Potemkin adressa à l'impératrice une harangue chevaleresque qui lui plut singulièrement. Ce n'était pas seulement un soldat que Potemkin, mais encore un lettré tout empreint de l'esprit théologique, sachant caresser les idées de l'impératrice sur la conquête et le partage de l'empire ottoman. Les Orloff étaient trop Russes dans leurs systèmes, et Potemkin, avec ses idées helléniques, croyait que le temps était venu de réveiller la Grèce, vierge morte dans son linceul, et que l'heure était sonnée pour la chute et le partage de la Turquie. C'était par ses conseils que les armées russes, après le traité de Kainardji, avaient en-

______

(1) En Russie, chaque dignité se rattache à un grade dans l'armée, parce que la gloire militaire prédomine les autres.

vahi la Crimée. Après une campagne brave-
ment menée, un ukase la réunit définitivement
à l'empire russe, malgré les plaintes de la Turquie. Potemkin ne croyait pas à ces prudentes
précautions qui marquent des étapes dans la
voie des ambitions conquérantes (1).

Catherine II, tout en approuvant la réunion
de la Crimée, différait d'opinion avec Potemkin
sur l'opportunité immédiate d'un partage qui
aurait fait à la Turquie le sort de la Pologne;
elle voulait encore attendre pour ne pas entraîner la guerre générale, et ce sentiment de la
souveraine avait quelque temps maintenu au
pouvoir les Orloff, signataires du traité de Kainardji. Il y eut entre les favoris de vives que-
relles; elles furent poussées à ce point qu'un des
Orloff, le plus vigoureux, manqua presque
d'étouffer Potemkin; on dit qu'il en resta ba-
lafré et borgne (2). Alors Potemkin prit une
résolution soudaine qui fit une profonde impression à la cour; au moment où il venait d'étendre

______

(1) C'est ce qui séparait Potemkin des Orloff, qui avaient
été les principaux instigateurs du traité de Kainardji.

(2) Potemkin se fit faire un appareil pour dissimuler son
œil, cependant tout le corps diplomatique s'en aperçut. Le
spirituel prince de Ligne dit qu'il avait bien entendu dire
que l'amour était aveugle, mais jamais borgne.

l'empire russe au delà du Caucase et de soumettre entièrement la Crimée, on apprit que Potemkin s'était retiré au couvent des moines de Saint-Alexandre Newsky; non-seulement il se condamnait à la retraite, mais encore il se revêtit de l'habit religieux de l'ordre de Saint-Basile, et, disait-il, sans esprit de retour; le goût des études ecclésiastiques s'était rallumé plus vif dans son cœur. Catherine ne perdit jamais la mémoire de l'austère religieux ; elle vit bien que Potemkin était le ministre de l'avenir; dès qu'elle crut le moment opportun pour inaugurer une politique plus hardie par le partage de la Turquie, et qu'enfin elle pouvait avouer ses desseins vastes et ses horizons infinis, elle envoya sa confidente, la comtesse Bruce, au couvent de Saint-Alexandre Newsky, afin d'offrir au moine la direction des affaires avec le pouvoir le plus étendu, le droit même de s'opposer à la volonté de sa souveraine dans les plus grandes questions (1).

C'est ce qui créa la position toute-puissante du prince Potemkin; il put marcher droit à la réalisation de son idée, préparer librement la

(1) Potemkin dit, dans sa correspondance avec Catherine II, qu'il avait eu le temps dans sa retraite de méditer sur les intrigues de cour, et qu'il voulait désormais s'en défendre.

question du partage de l'empire turc : on l'en voit préoccupé à ce point de ne pas compter avec les obstacles : comment entraîner l'Europe à ce dessein sans susciter la guerre générale ? Le prince Potemkin l'espéra avec une conviction profonde.

La première puissance qui se dressait devant lui c'était l'Autriche. Tant que Marie-Thérèse avait vécu, il était impossible de compter sur son concours ; fidèle à son alliée la France, l'impératrice-reine ne se séparait pas de sa politique à l'égard de l'Empire ottoman ; mais Joseph II, son successeur, voulait à tout prix faire du nouveau, se jeter dans les hasards, essayer même les aventures diplomatiques, et il voyait dans l'idée du partage de la Turquie un agrandissement considérable du territoire autrichien. Joseph II ne repoussait donc pas d'une manière absolue l'idée du prince Potemkin, pourvu que l'Autriche y trouvât des avantages matériels, par exemple la cession de la Bosnie, de la Servie (1) et des débouchés pour l'Allemagne dans l'Archipel. Dans sa correspondance avec Catherine II, l'empereur Joseph considérait la

(1) Le prince Potemkin avait gagné tout à fait à ses opinions le comte Cobentzl, l'ambassadeur d'Autriche à Pétersbourg.

Turquie comme un corps mort dont il fallait se partager les dépouilles. Il ne s'agissait plus que de faire des lots comme on en avait fait pour la Pologne.

C'était déjà une certaine force que l'entente sérieuse de la Russie et de l'Autriche sur la question d'un partage ; le prince Potemkin s'en était ouvert au cabinet de Berlin. Potemkin admettait donc en principe qu'il était impossible de réaliser le partage de l'Empire ottoman sans que la Prusse y trouvât une compensation en Allemagne par la Saxe ou la Bohême ; à mesure que l'Autriche devenait puissance orientale et méditerranéenne, la Prusse devait grandir comme puissance allemande de premier ordre (1).

La plus grande difficulté que devait rencontrer le prince Potemkin était l'opposition de l'Angleterre et de la France ; seulement le prince comptait sur leur rivalité pour arriver à ses fins ; toutes deux sortaient d'une guerre maritime qui les avait épuisées. L'Angleterre portait sur ses flancs déchirés l'émancipation des États-Unis ; la France luttait contre des difficultés

(1) Le prince Potemkin avait l'habitude d'écrire des mémoires spéciaux sur chaque question ; ses hautes études ecclésiastiques lui donnaient une façon lumineuse et supérieure d'exposer les faits.

financières d'une gravité sérieuse en présence de ses parlements. L'Angleterre ménageait la Russie comme son plus grand débouché commercial ; le prince Potemkin lui offrait un large traité de commerce avec des priviléges qui créaient tout un quartier de négociants anglais à Saint-Pétersbourg ; et d'ailleurs jamais la Russie n'avait nié à l'Angleterre le droit de certaines compensations dans le partage : n'y avait-il pas Chypre, Candie, les îles Ioniennes ? Il ne s'agissait que d'admettre un premier fait, un premier principe, une première base : « que la Turquie d'Europe était un corps mort, et qu'il n'y avait plus qu'à s'entendre sur le partage des dépouilles (1). »

Bien que la France se fût déclarée la protectrice de la Porte-Ottomane avec une vigueur, une puissance qui se fondait sur les anciennes capitulations, le prince Potemkin n'ignorait pas que certaines éventualités avaient été prévues par M. de Vergennes (2) pour le cas possible et réalisable d'un partage ; le Roi Très-Chrétien était le protecteur-né des églises catholiques du

(1) Mémoire remis à sir Francis Herbert, ambassadeur anglais à Pétersbourg.

(2) Je suis entré dans des détails. (Voir mon *Règne de Louis XVI*.)

rît latin dans la Syrie, pourquoi ne lui assurerait-on pas un protectorat exclusif et diplomatique comme celui de la Russie sur l'Église grecque? Depuis longtemps la France paraissait désirer la Morée, terre féconde, pour avoir un point d'appui dans l'Archipel (1). Enfin la chancellerie russe n'ignorait pas les sérieux travaux de statistique et de renseignements que le département des affaires étrangères à Versailles faisait faire sur l'Égypte : des voyageurs français la sillonnaient sur tous les points (2) ; des antiquaires, moitié politiques, prenaient les notions les plus exactes sur ses produits, sur les formes de son administration, tandis que des ingénieurs indiquaient les points les plus favorables pour les débarquements de troupes et les moyens de traverser le désert. Depuis la guerre de 1778 la France voulait attaquer l'Angleterre par l'Inde comme elle l'avait heureusement essayé dans l'Amérique septentrionale. A cette fin l'Égypte lui était nécessaire.

Le prince Potemkin n'ignorait aucune de ces circonstances ; il savait le côté faible et sensible de la France dans la question d'Orient : pour-

---

(1) M. le duc de Choiseul appelait la Morée, la Corse de l'Archipel.

(2) Savary, Volney, le comte de Choiseul-Gouffier.

quoi ne prendrait-elle pas l'Égypte? Pourquoi ne réaliserait-on pas les projets de saint Louis et de sa croisade de Damiette.

Ce fut au milieu de ces hautes questions agitées, que le comte de Ségur, nouvel ambassadeur de France, arrivait à Saint-Pétersbourg au mois de mai 1784.

# XI

# Ambassade du comte de Ségur à Pétersbourg. — Négociations avec la France.

### (1784 — 1788.)

Ainsi, au milieu de l'éclat de la toute-puissance du prince Potemkin à la cour de Catherine II, quand l'impératrice ne paraissait préoccupée que d'un seul et vaste projet, le partage de l'empire turc, on voyait arriver, de la cour de France, le nouvel ambassadeur, désigné par le comte de Vergennes, avec un personnel brillant et nombreux : l'ambassade en Russie prenait une importance qu'elle n'avait pas eue jusqu'alors, et Louis XVI avait dicté lui-même les instructions (1).

(1) Je les ai analysées dans mon *Louis XVI.*

Le comte Louis-Philippe de Ségur était fils du maréchal de Ségur, esprit austère, sérieux, dévoué au roi Louis XV et aux anciennes institutions de la monarchie, comme le devait un bon gentilhomme ; son fils, Louis-Philippe, destiné à la diplomatie ; avait étudié le droit public à Strasbourg, sous le professeur de Koch, et il était entré à quatorze ans dans le régiment des dragons du duc d'Orléans, dont il était le filleul. D'une figure plus spirituelle que gracieuse, svelte, dégagé, le jeune comte servait d'aide de camp à son père le maréchal, qui commandait le beau camp de troupes d'élite que le roi Louis XV vint visiter à Compiègne, accompagné de la charmante comtesse Dubarry (1). Le comte de Ségur plut à ce prince, si poli, si gracieux, par le charme respectueux de ses manières et sa jeunesse élégante dans ce joli costume de dragon de la reine et d'Orléans. La coutume était que le maréchal qui avait l'honneur de recevoir le roi sous sa tente, le servît à table ; le maréchal allait remplir ce devoir, lorsque le roi lui dit : « Ségur, vous m'avez assez bien servi pour que vous soyez un peu fatigué, asseyez-vous à mon côté ; ce

_________

(1) Je l'ai décrit dans mon livre sur la *Comtesse Dubarry.*

sera votre fils qui me servira », et le jeune Ségur, comme un page et varlet du moyen âge,
s'était empressé de remplir son office auprès
du suzerain. Le Roi lui adressa plusieurs fois la
parole ; il fut content des réponses du jeune capitaine qui portait son bel uniforme à ravir (1) :
le lendemain Louis XV envoya un des plus
beaux chevaux de ses écuries au jeune comte
de Ségur, et quelques jours après il reçut le
brevet de colonel des dragons d'Orléans. On a
écrit que ces jeunes gentilshommes étaient de
mauvais officiers : c'est mentir à l'histoire de
nos belles conquêtes ! Intrépides au feu, d'un
coup-d'œil rapide à la manœuvre, la plupart
d'une instruction sérieuse reçue dans les écoles,
ils n'avaient qu'un défaut, c'était la légèreté de
leurs manières, l'excessif sentiment du point
d'honneur, qui leur faisait mettre l'épée à la

(1) Le comte de Ségur raconte dans ses *Souvenirs* que le
roi Louis XV lui ayant demandé l'heure qu'il était, il répondit
qu'il n'avait pas de montre, et le roi dit alors au maréchal :
« Ségur, donnez votre montre à votre fils », et M. de Ségur
ajoute : « Le roi aurait mieux fait de me donner la sienne. »
Je m'étonne qu'un esprit aussi distingué que M. de Ségur
n'ait pas considéré la distinction que le Roi faisait. Il pouva"t
donner sa montre à un valet de chambre fidèle, à un serviteur,
mais à un fils de maréchal de France il lui envoyait un
beau cheval de ses écuries et un brevet de colonel.

main pour une fleur, un ruban porté aux cheveux d'une femme, pour une ganse au chapeau,
pour un mot, une plaisanterie. Au régiment, il
fallait un ou deux duels comme épreuve du
courage ; on sortait du théâtre pour courir derrière les remparts, où les épées se croisaient
avec politesse, sans aigreur ni colère, comme
cela se devait entre camarades bien nés : il n'y
a jamais de lois assez puissantes pour dominer
l'honneur, et c'est la belle partie de notre caractère.

A l'avénement de Louis XVI, les plus jeunes
officiers spécialement protégés par la reine
Marie-Antoinette, les deux frères Lameth, le
marquis de Lafayette, Latour-Maubourg, Ségur,
Biron, Beauharnais, s'étaient jetés dans toutes
les innovations de la politique et de la philosophie ; tous étaient partis pour la guerre d'Amérique, où ils avaient fait provision d'idées libérales et républicaines, et ils n'en restaient pas
moins charmants, légers, distingués dans leurs
formes et leurs manières. Belle société qu'on ne
reverra plus : l'esquise politesse unie aux grandes
formes, et la légèreté qui se mêlait aux sérieuses pensées du devoir !

Le jeune comte de Ségur s'était jeté en enfant terrible dans les innovations de cette nou-

velle école, et il avait plus qu'eux un goût inné pour la poésie et les belles-lettres. Ami de Boufflers, de Parny, de Florian, il tournait le vers à merveille; et c'était ravissant de voir cette pléïade de jeunes officiers pimpants sous leurs uniformes, braves comme leur épée, chevau-légers, dragons de la Reine, Royal-Médoc, Auvergne, occuper leur loisir à la littérature. Le jeune comte de Ségur se distinguait entre tous : dans une cour brillante, enivré de mille galanteries, il adressait de jolis madrigaux à la reine, si bonne, si protectrice de la jeune noblesse, à madame de Polignac, ravissante de grâces, à ces belles marquises dont la tradition est perdue. Noble époque qui ne nous apparaît plus que comme un conte enchanté où les personnages semblent taillés dans la porcelaine de Sèvres dentelée, toute vermillonnée de rose tendre; fantaisies de paravent peintes par Wateau, Boucher et Lancret; petits oiseaux de fées renfermés dans des cages aux filigranes d'or et d'argent.

A cette légèreté de formes, le jeune comte de Ségur joignait des études sérieuses dans le droit public; passionné pour les sciences, il s'était jeté dans les rêveries de Mesmer, dans l'étude du magnétisme, dans la frénésie des ballons. Avec le marquis de Lafayette il était assidu aux séances du comte de Puységur et de Bergasse sur le somnambulisme, et quand Montgolfier s'éleva dans les airs, ils avaient voulu le suivre ; très-protégé de la reine, le comte de Ségur devait trouver sa place dans les affaires sérieuses.

Il était depuis longtemps question dans le cabinet de Louis XVI de nommer un ambassadeur extraordinaire, avec de grands pouvoirs, pour Saint-Pétersbourg ; l'importance particulière que prenait le règne de Catherine II, le partage de la Pologne, ses derniers différends avec la Porte-Ottomane, ses projets sur la Turquie, tout faisait désirer à M. de Vergennes (1) d'avoir un ambassadeur habile qui pût attirer toutes les sympathies de Catherine par son esprit et son caractère. M. de Ségur, à plus d'un titre, pouvait remplir cette mission ; il était de l'école novatrice, charmant philosophe, sans grands préjugés ; il pouvait plaire à Catherine II par sa grâce, ses idées légères toutes françaises ; au besoin il ferait des vers, des madrigaux tout trempés d'encens divins et

_______________

(1) M. de Vergennes avait toute la confiance du Roi et une grande renommée dans le corps diplomatique,

de roses en l'honneur de Catherine, et ce n'était pas sans utilité même pour les grandes affaires.

Les instructions pour le comte de Ségur, dictées par le roi, étaient écrites par M. de Vergennes lui-même, avec un soin particulier ; elles portaient sur deux points :

1° La nécessité de pénétrer les desseins définitifs de l'impératrice sur la question d'Orient, et de voir quelles étaient dans cette voie les alliances sur lesquelles l'impératrice pouvait compter ;

2° L'utilité qu'il y aurait pour les deux puissances dans la signature d'un traité qui pourrait lier la Russie à la France pour l'échange de leurs produits par la Baltique et la mer Noire. Ici devait se rencontrer l'opposition de l'Angleterre, voyant toujours avec inquiétude le développement des prospérités de la France. Le point capital sur lequel M. de Ségur serait poussé, entrepris, entouré, M. de Vergennes le pressentait bien, c'était sur le partage de la Turquie ; c'était inévitable, dès son arrivée à Saint-Pétersbourg ; et dans cette position, sans blesser, sans heurter les idées de l'impératrice, M. de Ségur devait exposer, développer le besoin qu'avait la France de la paix après la guerre si coûteuse d'Amérique (1); or, un partage de la Turquie nécessairement amènerait une lutte généra!e en Europe et peut-être en Asie, et la France ne pouvait s'y engager d'une façon imprudente.

Pénétré de cette idée, après un long et sérieux entretien avec le roi Louis XVI, M. de Ségur partit de Paris ; sur sa route il dut visiter Berlin, Varsovie, et se mettre au courant de la vraie situation des rois de Prusse et de Pologne. A Berlin, M. de Ségur eut de longs entretiens avec le grand Frédéric, bien vieilli et plein de manies ; le roi de Prusse, mécontent de la Russie, fit un portrait peu flatté de la czarine. Frédéric manifestait de vives craintes sur l'élévation suprême de cette colossale autocratie à laquelle bientôt rien ne pourrait résister : il rejeta loin de lui toute idée ambitieuse; il s'excusa sur le partage de la Pologne dont l'initiative n'était pas venue de lui, mais de la Russie et de l'Autriche (2) ; M. de Ségur, avec tout le respect que lui inspirait la grande figure de

(1) Cette guerre avait en partie creusé le déficit, et le besoin d'emprunt se développait.

(2) Ce fait était complétement inexact : ce fut le prince Henri de Prusse, envoyé par Frédéric à Pétersbourg, qui communiqua la pensée du roi Frédéric à l'impératrice Catherine.

Frédéric, s'aperçut bien que la Prusse était trop liée avec l'Angleterre pour que le système de la France pût trouver un appui long et sincère à Berlin.

La seconde étape diplomatique du comte de Ségur fut Varsovie; il y fut accueilli par le roi Stanislas-Auguste avec une grande distinction (1) : la position de cet excellent roi était d'une délicatesse extrême; dévoué à Catherine II, il était à la tête d'une nation ardente, profondément blessée du dernier partage; le roi de Pologne ne pouvait se soutenir que par la protection de la Russie et les Russes étaient détestés. A Varsovie, M. de Ségur put exactement se renseigner sur le personnel de la cour impériale de Pétersbourg et sur les influences qui luttaient entre elles, sur le caractère, l'esprit et les mœurs de l'impératrice, vieillie déjà, mais jeune de pensée et de cœur (2).

M. de Ségur n'eut pas de peine à voir, dès son arrivée à Pétersbourg, que le prince Potemkin dirigeait toutes les affaires. L'ambassadeur de France fut accueilli avec distinction, mais avec

(1) Le roi Stanislas-Auguste était d'une bonté parfaite et voulait préserver la Pologne de ses glorieuses folies.

(2) M. de Ségur a écrit ses *Mémoires* un peu trop sous l'empreinte des idées révolutionnaires.

une froideur circonspecte ; Catherine II savait la France très-protectrice de la Porte-Ottomane. Le corps diplomatique qui résidait à Saint-Pétersbourg se composait alors : pour l'Autriche du comte Cobentzl, aussi spirituel qu'étrange de figure ; du comte de Goërts esprit habile pour la Prusse, ; de M. Fitz-Herbert pour l'Angleterre ; le cabinet de Londres qui avait tant aidé la Russie dans la dernière guerre jouissait d'un grand crédit à Saint-Pétersbourg. C'était au milieu de ce corps diplomatique que le comte de Ségur devait prendre place et se créer une bonne position.

L'ambassadeur de France, selon les usages diplomatiques, rendit sa visite officielle au prince Potemkin et demanda le jour de son audience de réception ; elle lui fut indiquée ; le comte de Ségur avait préparé et même appris de mémoire le discours qu'il devait présenter ; or il l'avait, selon l'habitude, communiqué d'avance à l'impératrice. A l'aspect de cette majesté brillante, M. de Ségur manquant de mémoire, improvisa néanmoins un remarquable discours qui enchanta l'impératrice, splendidement parée de son diadème, de son manteau de pourpre, entourée de tout le luxe oriental : quand on était habitué à la cour de France,

on pouvait être étonné d'une majesté souveraine, jamais on n'en était ébloui.

Il y avait quelque chose de remarquable chez
le gentilhomme français, c'était un orgueil
immense de la nation qu'il représentait, et du
roi dont il était l'ambassadeur; M. de Ségur se
mit donc parfaitement à l'aise avec les hauteurs
et les prétentions du prince Potemkin (1), il fut
digne quand le prince resta digne, et il devint
familier quand le prince voulut le recevoir sans
façon en robe de chambre. Bientôt l'ambassadeur de France fut au mieux avec Potemkin
et vécut dans toute sa familiarité.

Le prince aimait à plaisanter comme à parler
sérieusement, et il revenait toujours sur le
même sujet avec une persévérance et une té-
nacité que l'ambassadeur signalait dans toutes
ses dépêches : le partage de la Turquie. L'impératrice elle-même répétait à l'ambassadeur
de France : « Avouez que vos Turcs sont de

(1) Le prince Potemkin recevait sans façon et en robe de
chambre les ambassadeurs qui se rendaient chez lui en habit
de cérémonie; M. de Ségur alla le voir en déshabillé du
matin; le prince Potemkin, qui s'en aperçut, fit ses excuses
et dit qu'il était souffrant. Dès ce moment M. de Ségur le
pria même de rester couché et s'asseyait familièrement au
pied de son lit.

bien vilaines gens et qu'il est dommage de les voir camper sur le Bosphore? — Soit, répondit M. de Ségur, mais que Votre Majesté prenne l'engagement que d'autres, ni plus vilains, ni plus beaux, ne se présenteront dans les eaux du Bosphore. »

Cette situation de résistance continuelle aux idées de l'impératrice devenait toujours plus difficile, par suite des instructions de M. de Vergennes qui, se refusant à toute concession sur la Turquie, pressait néanmoins l'ambassadeur de préparer un traité de commerce entre la Russie et la France (1). Le prince Potemkin semblait le faire dépendre de quelques concessions accordées sur la question d'Orient comme gage d'entente cordiale : « Pourquoi, disait le prince, la France ne suivrait-elle pas la ligne de conduite de Joseph II ? Ce prince, aussi, avait longtemps résisté à nos instances, en répétant à qui voulait l'entendre : « Qu'il aimait autant voir les turbans à Constantinople que les chapeaux et les plumets, » eh bien ! peu à peu ce prince très-éclairé était revenu à l'idée d'un partage inévitable, puisqu'il s'agissait d'une chose

_________

(1) Louis XVI, toujours très-préoccupé d'améliorer le commerce de France, insistait, dans ses instructions, pour la signature de ce traité.

morte ; Joseph II, aujourd'hui, était devenu le partisan le plus dévoué des idées du partage. » Sur tous les sujets qui tenaient à l'Orient, le prince Potemkin avait les conversations les plus attrayantes et les plus fortes ; ses études théologiques (plus essentielles qu'on ne croit en diplomatie) lui donnait une fermeté d'aperçus, une puissance de logique à laquelle il était difficile de résister (1).

L'impératrice Catherine II qui avait pris en grande amitié M. de Ségur, s'abandonnait avec lui à des aperçus de politique générale très-élevés : « Vous craignez, disait-elle, la guerre ; le roi votre maître veut en éviter les dépenses et les effets; mais précisément la guerre détournerait les esprits des préoccupations qui énervent votre monarchie (2) ; que votre roi ait demain une guerre sérieuse dans un but d'utilité générale, et cette grande distraction détournera les esprits des mille utopies qui agitent vos têtes ardentes. »

M. de Ségur, moins qu'un autre, devait s'arrêter devant des considérations si élevées. Ces

_______________

(1) Correspondance de M. de Ségur avec M. de Vergennes.

, (2) Le côté insipide des souvenirs de M. de Ségur, ce sont les longues et vulgaires déclamations libérales qui se ressentent des amitiés de M. de Lafayette.

utopies étaient précisément les siennes, les idées libérales étaient les pensées dominantes de ses amis : MM. de Lafayette, Lameth, Biron, Beauharnais; ce que l'impératrice Catherine présentait comme un signe de décadence était pour le comte de Ségur un progrès, une amélioration, une espérance : esprit léger, railleur, personne moins que lui n'était capable de discuter une question de gouvernement; il avait eu un moment la vanité de plaire à l'impératrice et de gouverner ses idées : Potemkin était homme trop supérieur pour être inquiet et même pour s'offenser des prétentions un peu vaniteuses du comte de Ségur. Dans sa pensée, avec la France ou sans elle, les Russes devaient marcher droit à la conquête de l'empire ottoman; il avait l'adhésion de l'Autriche, et il croyait qu'avec son concours son projet devait s'accomplir.

M. de Ségur, après quelques essais infructueux, dut se borner à cette puissance que donnent les bonnes manières, une charmante façon de faire de la littérature et de jolis vers, une des passions et des distractions de l'impératrice Catherine II.

# XII

## La cour littéraire et artistique
## de Catherine II.
## Le théâtre de l'Hermitage.

(1780—1788)

Si, comme ambassadeur du roi de France, allié de la Porte-Ottomane et représentant un système diplomatique en opposition aux desseins de la Russie sur l'Orient, le comte de Ségur avait, je le répète, une situation difficile, délicate à Saint-Pétersbourg, il n'en était pas ainsi comme esprit littéraire et attrayant. Le comte de Ségur était, à tous les points de vue, un gentilhomme charmant et plein d'à-propos. La cour de Catherine II n'était sérieuse que pour les grandes affaires; tout était à la joie, aux plaisirs et aux fêtes; le bonheur de l'impératrice était de réunir autour d'elle une petite société d'élite qui s'occupait de beaux-arts, de vers et de littérature. Catherine II avait un faible pour les bouts rimés, et les beaux esprits s'exerçaient à les remplir en son honneur. Un soir, dans le palais du prince Nariskin (1), grand écuyer, où l'impératrice venait familièrement, Catherine proposa des bouts rimés sur ces mots : *amour, frotte, tambour, note,* et M. de Ségur improvisa ce joli quatrain :

> De vingt peuples nombreux Catherine est l'*amour*;
> Craignez de l'attaquer ; malheur à qui s'y *frotte.*
> La renommée est son *tambour*,
> Et l'histoire son garde-*note.*

Rien certainement n'était plus flatteur, plus gracieux, plus heureusement trouvé, et l'impératrice fut enchantée. Une autre fois elle avait perdu d'une mort soudaine sa chienne favorite; elle désira que le comte de Ségur composât son épitaphe. « Il vous suffira, lui dit-elle, de savoir qu'elle était fille de deux chiens anglais,

(1) L'impératrice aimait beaucoup le prince Nariskin, d'une grande gaieté de caractère. Le prince avait une colossale fortune et la dépensait.

qu'elle était remplie de grâces, un peu gâtée par la colère. Et le spirituel ambassadeur improvisa une ravissante épitaphe :

> Ici mourut Zémire, et les grâces en deuil
> Doivent jeter des fleurs sur son cercueil.
> Comme *Tom*, son aïeul, comme *Lady*, sa mère,
> Constante dans ses goûts, à la course légère ;
>   Son seul défaut était un peu d'humeur ;
>   Mais ce défaut venait d'un si bon cœur (1).
> Quand on aime on craint tant ! et Zémire aimait celle
>     Que tout le monde aime comme elle.
>     Voulez-vous qu'on vive en repos,
>     Ayant cent peuples pour rivaux ?
>     Les dieux, témoins de sa tendresse,
>     Devaient à sa fidélité
>     Le don de l'immortalité,
> Pour qu'elle fût toujours auprès de sa maîtresse.

Ainsi étaient les loisirs de l'impératrice ; mais sa protection sérieuse s'étendait sur les sciences, les beaux-arts. La tendance la plus remarquable de Catherine II fut de grandir son empire, de l'éclairer, de le mettre au niveau des nations les plus civilisées, par le travail, l'industrie et l'esprit de découverte ; elle savait le peuple russe arriéré, mais intelligent ; il n'y avait qu'à féconder cette civilisation naissante

---

(1) Cette épitaphe fut placée sur le petit mausolée que Catherine II éleva à sa chienne favorite dans le palais de Czarskozelo.

7.

et déjà robuste. Par ses ordres Pallas (1), l'un des naturalistes les plus distingués, et avec lui Folck, parcoururent les rives du Volga et parvinrent jusqu'à Kasan ; Gmolien et Guldenstedt exploitèrent les bords du Tanaïs jusqu'au Borysthène, cherchant les mines, exploitant et recueillant les faunes de toutes les contrées, depuis Astrakan jusqu'aux frontières de la Perse. Blumager, l'intrépide voyageur, eut à vérifier les découvertes faites dans les mers du Nord et en fit de nouvelles ; les gorges du Caucase furent parcourues par Walchen Strutz, Billing, et Edward Bering arriva jusqu'au Japon avec une intrépidité incomparable qui fut récompensée par l'impératrice avec une munificence sans bornes.

Les richesses scientifiques recueillies dans ces lointaines pérégrinations formèrent les éléments premiers du cabinet d'histoire naturelle que l'impératrice établit à Saint-Pétersbourg ; elle fonda aussi une Académie des beaux-arts,

(1) Pallas était né à Berlin ; Catherine II l'avait appelé à Saint-Pétersbourg et nommé président de l'Académie des sciences ; il avait à peine trente ans. Il fut chargé de l'expédition scientifique composée d'astronomes et de naturalistes qui vint observer en Sibérie le passage de Vénus sur le soleil. Pallas n'est mort qu'en 1811, et il a eu l'honneur d'un éloge de M. Cuvier.

et dans une seule année elle acquit, pour un million de roubles, les tableaux les plus renommés, les plus illustres des écoles italiennes et flamandes. Elle forma sa bibliothèque de cent mille volumes choisis parmi les riches bibliothèques de l'Europe. Maîtresse des plus splendides mines de l'Europe, Catherine fonda une école pour les exploiter. Par ses soins s'élevèrent les écoles de cadets pour les gentilshommes destinés aux armées de terre, de mer, et un pensionnat de sept cents jeunes demoiselles nobles, à l'imitation de Saint-Cyr, la fondation de Louis XIV. A la tête de son Académie littéraire Catherine II, peut-être un peu par raillerie, plaça la comtesse Dasckoff (1), cette intrépide et étrange amie qui avait rendu de grands services ; elle se croyait en droit de tout exiger, ce qui gêne souvent. Il était passé à la comtesse la bizarre idée de demander un régiment ; la czarine la plaça à la tête de l'Académie, ce qui allait bien à ses goûts littéraires. Quand la couronne de Russie était sur la tête d'une impératrice, une femme encore pouvait présider l'Académie.

_______

(1) La princesse Daschkoff, fort lettrée, amie de Diderot, protégeait tout le parti philosophique ; elle écrivait au reste fort mal le français ; ce qui résulte de sa correspondance.

Le commerce russe reçut d'immenses encouragements dans la mer Noire, la Chine, le Japon ; Catherine envoyait d'abord de simples ambassadeurs, des voyageurs qui parcouraient et exploraient les pays, et sur ces données elle préparait des traités de commerce ; elle fonda une vaste école de langues orientales pour le japonais, le chinois, le tartare mantchou ; elle obtint même par des traités de fonder des écoles et des missions à Pékin, dans le but d'apprendre les langues du pays et d'en étudier les forces, les produits, les arts ; et sur chacun de ces points des mémoires sérieux lui étaient adressés.

La nation russe, si admirable pour la promptitude de l'esprit et l'imitation des produits de l'intelligence, prit la passion des choses artistiques ; il ne faut pas croire cependant qu'elle n'eût rien produit autour d'elle de national, de spontané (1) ; les églises, les images des saints aux formes byzantines sur or, supposaient un art très-avancé, et le brillant Kremlin était une œuvre merveilleuse qui, par son originalité pri-

____

(1) Il faut féliciter les savants et les artistes russes qui s'occupent en ce moment de mettre en lumière les antiquités de l'Empire, aussi riche en beaux-arts que les plus illustres pays du monde.

mitive, égalait bien les monuments de la renaissance. Catherine fit fondre la statue de Pierre I<sup>er</sup> et la plaça sur une immense roche de granit; elle orna le musée de tous les tableaux de grands maîtres; mais son goût le plus vif fut pour la littérature française.

Il faut un peu revenir sur les temps. Jamais Catherine n'avait cessé d'être en correspondance avec Voltaire ; elle flattait sa vanité, caressait les caprices du vieillard de Ferney (1); ses complaisances allaient jusqu'à ce point de lui acheter des montres qu'il faisait travailler dans le village dont il était seigneur. Quand Voltaire mourut, Catherine daigna écrire à madame Denis, sa nièce (cette maussade créature), pour lui acheter sa bibliothèque : « Les âmes sensibles ne verront jamais cette bibliothèque sans se souvenir que votre oncle sut inspirer aux humains cette bienveillance universelle que tous ses écrits respirent, même ceux de pur agrément, parce que son âme en était profondément pénétrée; personne avant lui n'écrivait comme lui; à la race future il servira d'exemple. » La

(1) Voltaire écrivait à tout le monde pour se faire acheter des montres; il avait même sollicité pour son commerce la galante protection de la comtesse Dubarry. (Voyez mon livre sur *Madame Dubarry.*)

suscription de la lettre portait : « A madame Denis, la nièce d'un grand homme qui m'aimait beaucoup. » L'impératrice, au reste, devait cet hommage à Voltaire, qui l'avait élevée si haut et avait placé son médaillon parmi les portraits des grands génies, en la saluant du nom de Sémiramis du Nord.

Ce fut une passion pour Catherine II que la société des philosophes, et l'on a vu qu'elle avait appelé Diderot à Saint-Pétersbourg ; singulière sympathie pour l'écrivain licencieux, presque immonde, qui avait attaqué avec tant d'audace la famille, la société, dans *Jacques le fataliste, la Religieuse* et *les Bijoux indiscrets* (1)! Diderot n'avait rien d'attrayant ; ses formes étaient grossières, sa parole abondante et ennuyeuse (ne dites pas échevelée, avait écrit Voltaire, mais mal peignée). A Saint-Pétersbourg il fut comblé d'égards, de politesses ; l'impératrice l'admit dans ses conversations les plus familières ; il restait tête-à-tête avec elle

(1) On devait à Diderot ces deux vers abominables :

Et ses mains ourdiraient les entrailles du prêtre,
A défaut d'un cordon pour étrangler les Rois.

Didérot vint à Saint-Pétersbourg avec Grimm en 1773.

dans son cabinet, et l'on dit que souvent, dans son agitation de paroles, il lui frappait sur les genoux ; l'impératrice ne s'en offensait pas, mais elle s'en débarrassa le plus tôt possible, comme le fait remarquer Grimm, l'observateur très-fin, un peu caustique, le correspondant de l'impératrice à Paris.

Grimm ne restait étranger à aucun sujet dans sa correspondance où il rendait compte de tous les événements littéraires. Aucun défaut, aucun ridicule ne lui échappaient dans cette société de gens de lettres très-insupportable dans son orgueil immense ; Grimm jugeait tout : expositions de tableaux, œuvres de sculpture, de peinture, la musique des opéras, les livres nouveaux, et il le faisait avec une sagacité maligne ; c'était une chose très-utile pour une souveraine fort occupée, que d'avoir un résumé parfaitement fait des œuvres de l'esprit ; la France donnait alors l'impulsion littéraire au monde, et par cet éclat elle exerçait une haute influence politique (1).

Il y avait alors une rage de comédies, de tragédies, et le théâtre, comme à Athènes, était

_______________

(1) La correspondance du baron de Grimm n'a été publiée qu'en 1802.

pour ainsi dire une institution. L'impératrice choisit son palais de l'Hermitage, sa retraite chérie, pour faire jouer la comédie. L'Hermitage, charmant palais, avec la prétention de la solitude, réunissait la splendeur des arts aux doux aspects de la nature; c'était une suite de galeries splendidement meublées et décorées. Catherine y avait réuni en riche tapisserie, les tableaux des plus grands maîtres, avec une bibliothèque rare, une savante collection de médailles de toutes les époques et de tous les règnes (1). Mais ce qui était ravissant et unique, ce que Versailles ne possédait pas, c'était un vaste jardin d'hiver; quand la neige la plus épaisse couvrait Saint-Pétersbourg et fouettait les vitres des palais de la Newa, on avait la température la plus douce, la plus tiède, celle de Naples et de Florence; un mélange de fleurs d'Asie et d'Europe, l'arbre à thé à côté du pin d'Italie, la rose de Bengale, le jasmin d'Arabie, et parmi les feuilles et les fleurs des nichées d'oiseaux de tous les climats, aux couleurs les plus vives, les plus azurées, qui gazouillaient comme au soleil levant.

Dans ce palais de l'Hermitage, Catherine II

---

(1) Cette collection était la plus complète de l'Europe.

avait fait construire une salle de spectacle, en forme circulaire comme le théâtre antique de Mycènes : point de loges, mais en face un am-phithéâtre où l'impératrice s'asseyait avec quelques-uns de ses courtisans les plus intimes : le grand-duc et la grande-duchesse Paul, l'aide de camp favori Momonoff, le comte de Strogonoff, Iwan Schouvaloff, vice-chambellan, le prince Potemkin, quelques femmes de la cour et souvent le corps diplomatique; on jouait spécialement à ce théâtre les pièces des répertoires français, les belles tragédies de Corneille, de Racine; une troupe d'acteurs venus de Paris était l'interprète de ces tragédies (1), qui excitaient l'enthousiasme. Peu à peu les spectateurs qui se groupaient autour de l'impératrice prirent l'habitude de composer eux-mêmes les pièces destinées au théâtre de l'Hermitage; les principaux auteurs furent le prince de Ligne, le comte de Cobentzl, le comte de Ségur, Strogonoff, et souvent l'impératrice Catherine elle-même qui excellait dans les proverbes dialogués à la façon de Carmontel (2).

(1) Les principaux acteurs étaient Aufresne et Fustier, élève de Préville.

(2) La collection de ces pièces a été publiée sous le titre de *Théâtre de l'Hermitage*, 2 vol. in-8°, 1805.

La plupart de ces pièces écrites par l'impératrice et destinées au théâtre de l'Hermitage ont été recueillies. Dans la pièce intitulée le *Tracassier*, Catherine met en action le proverbe : « Un tiens vaut mieux que deux tu l'auras. « Les scènes sont empruntées à la comédie française ; il y a une marquise veuve, un oncle du nom de Moncalm, une soubrette du nom de Marthe ; le dialogue est coupé à la française. La pièce intitulée *Gros-Jean* met en scène un marchand qui, appelé par l'impératrice qui veut être renseignée, s'imagine qu'il va être nommé au poste de premier ministre (1). Catherine composa encore *la Rage aux proverbes*, dont les principaux personnages sont madame Tontine, Rosalie sa nièce, M. Vincent, Jurnet, etc. Le sujet est celui-ci : « Promettre et tenir sont deux. » C'est sur la fable du Corbeau et du Renard que Catherine écrit le *Flatteur et le Flatté*, où les principaux personnages sont M. Corbec, M^me Corbec, M. Renard et Jeannot. L'impératrice écrivit encore deux proverbes : le *Voyage de M. Bontems* et *Il n'y a pas de mal sans bien*.

(1) Cette anecdote était arrivé à Catherine II ; elle la raconta et la mit en proverbe.

Toutes ces pièces étaient écrites en français et tirés de sujets choisis en France. Catherine II voulut aussi écrire une pièce russe empruntée aux annales de ce peuple, l'histoire de Rurick ; dans cette suite de scènes historiques destinées à être jouées par des acteurs russes, on voit paraître sur le théâtre les boyards, les serfs, les bourgeois russes (1), qui tous gardent leur caractère national. Catherine déclara à ses amis qu'elle avait suivi la méthode de Shakespeare ; elle semblait en demander pardon aux classiques, car le théâtre de l'Hermitage restait dans les usages et les formes des pièces de Molière, de Régnard et de Marivaux. M. de Momonoff, le favori de Catherine II, avait fait une pièce toute française sous le titre de *l'Insouciant*. Le spirituel prince de Ligne et le comte de Cobentlz, auteur des pièces de l'Hermitage, écrivaient aussi dans la langue de Voltaire, comme ils le disaient. Aussi on peut parfaitement s'expliquer la haute place que tenait M. de Ségur dans les distractions littéraires. L'ambassadeur de France composa pour l'Hermitage plusieurs petites pièces ou proverbes : *l'Enlèvement, l'Homme inconsidéré* ; enfin il ne put résister au goût, à la

______

(1) Cette pièce fut néanmoins traduite et jouée en français.

mode, à la manie du temps, il fit une tragédie, *Coriolan*, et par une gracieuse faveur l'impératrice la fit jouer à l'Hermitage en présence d'une cour choisie et daigna l'applaudir de ses mains (1).

Tels étaient les passe-temps de cette haute compagnie à Pétersbourg : jeux d'esprit, carrousels, fêtes, spectacles. L'étonnant privilége de la société du XVIII<sup>e</sup> siècle, c'était de faire les grandes affaires *sans être affairé*, contraste avec la petite compagnie qui *est effarée* sans faire de grosses affaires. Ce fut au milieu de ces distractions de toute espèce que la France et la Russie signèrent le traité particulier qui assurait des avantages considérables au commerce français (2) ; le prince Potemkin en prenait toujours occasion pour développer ses idées sur l'expulsion définitive des Turcs de l'Europe. La familiarité dans laquelle on vivait, les entraînantes causeries du soir après souper, permettaient les petites interpellations, les plaisanteries ; le prince Potemkin affectait de répéter sans cesse, en parlant à l'ambassadeur de France : *Vos*

_______

(1) On trouve *Coriolan* dans les œuvres de M. de Ségur ; c'est d'une médiocre vulgarité.

(2) Septembre 1787 ; l'ambassade anglaise n'en fut informée qu'après sa signature.

*Turcs, vos protégés.* « Vous avez là de singuliers alliés, dit-il un jour, qui nous font présent de la guerre, de la peste (1) et de la piraterie. » L'ambassadeur lui répondait toujours par des légèretés, des paroles évasives. « Prince, dit enfin l'ambassadeur poussé à bout, je vous abandonne volontiers nos alliés de la Porte, si vous promettez de ne pas trop vous allier avec vos amies : la *conquête* et l'*occupation*. » Et après ces paroles, on recommençait le cercle autour de l'impératrice ; le bal, le spectacle continuait, comme si rien n'avait été dit ; on s'observait poliment, sans aigreur, sans autre vengeance qu'un cliquetis de mots spirituels et piquants.

(1) Ceci faisait allusion à la dernière et funeste épidémie qui avait éclaté à Moscou et qui enleva 80,000 âmes. Catherine II fut admirable de courage et de générosité.

# XIII

## Développement des projets du prince Potemkin.
## Voyage de Catherine II en Crimée.
## Les Turcs prennent l'initiative de la guerre. — Joseph II.

### ( 1786 — 1792 )

La vaste pensée du prince Potemkin pour l'expulsion des Turcs de l'Europe semblait avancer vers une solution ; le traité de Kainardji signé avec la Porte‑Ottomane ne paraissait qu'une halte dans la marche des idées russes : le moindre heurtement pourrait le briser. Le comte de Cobentzl avait reçu des instructions précises de son souverain pour préparer les bases d'un traité de partage. A quelque temps de là, l'empereur Joseph II (1) était venu lui-même à Saint-Pétersbourg pour s'entretenir personnellement avec Catherine II sur la position respective que devrait prendre les deux armées, les deux Empires au cas d'une guerre contre la Porte-Ottomane qui paraissait inévitable. Que ferait la France? Que feraient l'Angleterre, la Russie, la Suède? L'Angleterre venait de se rapprocher de la Prusse et de la Hollande; dans quel but? Elle faisait également des offres à la Suède pour détacher le roi Gustave III des idées et des intérêts de la Russie.

Les deux cabinets de Saint-Pétersbourg et de Stockolm, malgré quelques excentricités politiques de Gustave III, s'étaient intimement liés par le traité de la neutralité armée, une des vastes pensées de Catherine II. L'impératrice partant d'une idée considérable, la souveraineté des mers du Nord, avait proclamé les priviléges de la neutralité et cette maxime : *Que le pavillon couvre la marchandise* (un peu plus tard le *mare clausum* de la Baltique) (2); ce système

(1) Joseph II était le souverain voyageur par excellence; il fut reçu splendidement à Saint-Pétersbourg.

(2) L'histoire de cette neutralité armée a été écrite avec une rare distinction par le comte de Goërtz. Bâle, 1801. On peut lire également le comte de Garden, *Histoire des traités*, et

avait trouvé des applaudissements chez toutes les puissances neutres : le Danemarck, la Suède ; il avait reçu sa complète application dans la guerre d'Amérique. L'Angleterre seule ne l'avait jamais accepté.

Cependant on ne dissimulait plus à Saint-Pétersbourg : on entrait en plein dans une idée qui n'admettait pas de ménagements. Le prince Potemkin s'ouvrait à l'ambassadeur de France dans des termes précis : « Quelle part voulait se réserver son cabinet au cas de partage de la Turquie d'Europe ? »

Cette proposition, je l'ai dit, était trop hardie pour la politique de Louis XVI, qui ne voulait point l'accepter dans la crainte de provoquer une nouvelle guerre ; on était alors en pleine assemblée des notables, aux prises avec la difficulté de combler un déficit, et les idées anglaises trouvaient des échos dans les conseils de la couronne de France ; toute une école appelait l'alliance avec l'Angleterre comme un appui pour une nouvelle constitution de la monarchie avec une représentation nationale.

Cette résistance opiniâtre du roi de France avait refroidi les rapports des deux cabinets de

mon livre sur *Louis XVI*, où je donne la correspondance de M. de Vergennes.

Versailles et de Saint-Pétersbourg ; le prince Potemkin annonça qu'on passerait outre avec ou sans la France ; et ce fut en vue de familiariser l'Europe avec ses projets, que Catherine II ordonna tous les préparatifs d'un voyage en Crimée. Potemkin dut diriger cette marche triomphale de l'impératrice, dont la première halte fut Kiew, et la seconde Cherson, où des fêtes splendides célébrèrent la puissance de la souveraine. Pour constater l'intimité de l'alliance entre la Russie et l'Autriche, Joseph II accompagna Catherine II dans son voyage avec une galanterie, une attention qui devaient retentir en Europe. L'empereur ne s'étonna ni même se blessa de l'inscription fastueuse placée sur l'arc de triomphe de Cherson : « C'est ici le chemin de Byzance, » car Joseph II était entré tout à fait dans le plan de Catherine II : il devait y trouver une large compensation pour l'Autriche qui cherchait déjà ses agrandissements dans les États du Midi. On put voir quel enthousiasme inspirait l'impératrice parmi ces peuples agenouillés qui l'appelaient la *Mère de la patrie* dans la langue nationale (1).

---

(1) La correspondance du prince de Ligne, témoin oculaire, donne une idée très-exacte de ce voyage.

Le comte de Ségur a écrit une sorte de roman
sur cet itinéraire de l'impératrice Catherine, qui
pourtant le comblait de charmantes prévenances ;
l'ambassadeur de France avait souvent sa place
dans la propre voiture de l'impératrice ou dans
la même chambre du bateau ; on y causait littérature, philosophie ; on y parlait des œuvres
nouvelles, on y jouait même des proverbes. Le
comte de Ségur raconte que des villages furent
improvisés, qu'on avait construit des maisons
de cartons comme des décors d'opéra, afin de
tromper les yeux de la souveraine et surtout les
illustres étrangers qui l'accompagnaient, Jo--
seph II, le roi de Pologne et le corps diplomatique. Les gouverneurs des provinces que traver-
saient Catherine n'eurent pas besoin de ces
improvisations de bergeries et de villages en
décors. Ceux qui ont visité les provinces méri-
dionales de la Russie savent leurs richesses et
le bonheur des populations : les villages y sont
considérables, les troupeaux bondissants, les
champs bien cultivés (1) ; l'aspect de la souveraine remplissait les paysans d'ivresse ; ils purent donc revêtir leurs habits des fêtes, parer
leurs maisons, déployer leurs troupeaux sans

(1) Ils sont devenus les greniers de l'Europe quand il y a
manque de récolte en France et en Angleterre.

recourir à ces pitoyables mensonges, à ces trompe-l'œil de théâtre, à ces panoramas de fantaisie. M. de Ségur écrivait ses Mémoires sous l'impulsion française ; tout en gardant un souvenir de reconnaissance pour les bontés de l'impératrice, il cherchait à atténuer les prestiges de la puissance russe pour plaire à ceux qui gouvernaient la France (1).

Au milieu des fêtes et des splendeurs de cet itinéraire, quand l'impératrice était encore en Crimée, on apprit tout à coup que, sans déclaration de guerre, une grande flotte ottomane attaquait la garnison russe de la forteresse Kinburn. Qui avait porté les Turcs à cet acte d'intrepidité insensé ? Ce ne pouvait être la France. Le comte de Choiseul-Gouffier, ambassadeur à Constantinople, esprit prudent, réfléchi, connaissait trop bien les forces que les Russes et les Autrichiens pouvaient opposer à la Porte-Ottomane pour conseiller les hostilités ; ses instructions portaient au contraire d'empêcher tout acte imprudent de la Porte-Ottomane (2). Mais

_______

(1) Le plus grand accusateur de Catherine II, c'est Castera, qui avait longtemps résidé à Varsovie comme chargé d'affaires ; il en fut expulsé, et il écrivit son livre par les ordres du Directoire.

(2) M. de Choiseul-Gouffier s'était fait une bonne position

l'Angleterre s'était emparée de toute l'influence à Constantinople ; elle promettait son appui, son but étant d'amoindrir l'influence russe et d'empêcher sa domination au nord et au midi ; elle négociait un traité avec Gustave III roi, de Suède ; elle garantissait l'intégrité de la Hollande ; elle suscitait des troubles dans les Pays-Bas ; elle venait de conclure son alliance avec la Prusse ; elle pressait la France dans le sens d'une coalition contre la Russie. L'Angleterre croyait donc le moment venu pour que la Turquie, toute pleine de courage et de fanatisme, pût prendre l'initiative de la guerre (1).

Il était impossible de mieux servir les idées du prince Potemkin et de l'alliance russe-autrichienne, car ce n'était pas Catherine II qui commençait les hostilités ; on l'attaquait en pleine paix ; la Turquie brisait elle-même le traité de Kainardji ; la Russie reprenait la pleine liberté de ses projets ; elle pouvait désormais mettre en demeure les puissances neutres

à Constantinople ; non-seulement il était en rapport avec le sultan Abdul-Hamid, mais encore avec Selim, l'héritier du trône, en correspondance personnelle avec Louis XVI. M. de Vergennes et l'interprète Ruffin connaissaient seuls cette correspondance.

(1) « Vous voyez bien, dit Potemkin à M. de Ségur, que ce n'est pas nous qui avons commencé ; mais nous en finirons. »

et justifier des représailles. M. de Choiseul-Gouffier avait en vain développé à Constantinople les
conséquences hasardées de la guerre ; on l'avait
à peine écouté.

Le cabinet de Versailles, tout en se portant
comme médiateur, dut pressentir toutes les conséquences de la guerre et se préparer à toutes
les éventualités d'un partage. Déjà des voyageurs politiques parcouraient l'Égypte, la Syrie, la Morée qui devaient être le lot de la
France si les Turcs étaient chassés de l'Europe.
Il existe encore en original, au ministère des
Affaires étrangères, un projet d'occupation de
l'Égypte, un mémoire sur les ressources qu'une
armée pouvait y trouver et les conséquences
d'une occupation au point de vue commercial
et militaire (1) ; mais un tel projet aurait nécessairement entraîné une guerre avec la Grande-
Bretagne, et à aucun prix le roi Louis XVI ne
voulait cette rupture au moment où l'Angleterre
favorisait les agitations politiques en France,
où les émeutes de rues et l'Assemblée nationale
servaient admirablement ses desseins. L'Angleterre qui voulait détourner les projets de la
Russie accordait des subsides à Gustave III.

_______

(1) Voyez mon *Louis XVI*.

pour l'attaquer dans le Nord ; elle poussait le nouveau roi de Prusse, Frédéric-Guillaume, à une guerre contre Joseph II ; par ces moyens l'Angleterre espérait arrêter les projets de conquête et comprimer la résolution prise par Catherine II d'expulser les Turcs de l'Europe ; l'Angleterre soutenait hautement la Porte-Ottomane avec une fermeté, une vigueur qu'elle n'avait pas encore déployée.

La campagne commença vaillante et active sous le prince Potemkin ; à lui était l'idée de la grande guerre, à lui devait être le commandement suprême de l'armée russe ; Souvaroff avait déjà repoussé les attaques des Turcs avec ce brillant courage qui plaisait tant à ses soldats, à ses enfants, comme il les appelait (1). Le prince Potemkin vint en personne faire le siége d'Orzakoff, long et sanglant ; les Turcs furent admirables de courage derrière leurs murailles ; après six mois la ville fut prise d'assaut ; la Géorgie fut conquise par le prince Tamara ; le général Lanskoï brûla Galatz en

(1) Le célèbre feld-maréchal Souvaroff-Kimnizkoï était né dans l'Ukraine en 1730 ; il avait alors déjà cinquante-neuf ans. Entré comme cadet à dix-sept ans, il avait commandé dans la guerre de Sept-Ans et dirigeait une division dans la guerre de Pologne.

Moldavie, et Bender se rendit à discrétion. Le prince Galitzin triompha dans la bataille de Matzia, et Souvaroff, après avoir vaincu dans une bataille rangée à Focksaw, emporta Ismaïlow à la baïonnette ; 30,000 Turcs y furent tués, tandis que le prince de Saxe-Cobourg (1), à la tête des Autrichiens, s'avançait dans la Servie et dans la Bosnie, et prenait Chodzin. Partout les Turcs firent une belle résistance ; l'armée ottomane se couvrit de gloire ; mais la Porte aurait succombé, la pensée de Potemkin se serait réalisée par la prise de Constantinople, si la diplomatie n'était intervenue d'une manière décisive pour empêcher les résultats de la guerre, si l'empereur Joseph II n'avait fait sa paix particulière dans la crainte d'une guerre sérieuse en Allemagne, sous les menaces de la Prusse armée.

Il en résulta le traité de Jassy qui fixa les limites de la Turquie au Dnieper (2) ; les provinces de Moldavie et de Valachie furent déclarées indépendantes sous des hospodars, et le Caucase fut placé sous la protection de la Russie. Ces résultats ne furent pas sans doute en

(1) C'est ce même prince de Saxe-Cobourg qui commanda l'armée de la coalition contre la France en 1793.

(2) Le traité de Jassy est du mois de mars 1792.

rapport avec les succès et les sacrifices de la guerre, avec les pertes éprouvées et les efforts accomplis ; mais les événements de l'Europe prenaient une face nouvelle, et la France entrait dans la voie d'une révolution qui l'annulait un moment pour la relever avec une énergie nouvelle.

Dans les armées russes et mêlés aux plus brillants épisodes de la campagne, on pouvait remarquer trois gentilshommes français d'un grand nom et d'un brave courage : l'un portait l'héritage de Richelieu ; petit-fils du maréchal, il avait pris du service volontairement dans l'armée russe avec la permission du roi Louis XVI (1) ; quand il n'y avait plus à combattre pour le pays, les gentilshommes allaient offrir leur service à d'autres souverains, car leur devoir était de se battre ; ils n'avaient pas d'autre profession, et cette fois c'était une tradition des croisades qui les faisaient armer contre

(1) Le duc de Richelieu avait porté le titre de comte de Chinon, duc de Fronsac ; on peut voir dans mon *Maréchal de Richelieu* combien le vieux maréchal aimait son petit-fils : le duc de Richelieu resta au service de la Russie jusqu'en 1814 ; il fut appelé au ministère par Louis XVIII, et ce fut à sa noble influence qu'on dut la délivrance de la France après l'invasion de 1815 ; mon *Histoire de la Restauration* en a donné la preuve.

les Turcs. Le duc de Richelieu s'était brillamment comporté au siége d'Ismaïlow ; il y avait été blessé, et l'impératrice se trouvait flattée d'accueillir un Richelieu dans ses armées. On y voyait également un Saint-Priest, un comte de Langeron, beau nom respecté de la Provence, car un courageux chevalier de Langeron (1) avait protégé la population marseillaise contre les désastres de la peste de 1720.

Les gentilshommes français recevaient un grand accueil en Russie (2) ; Catherine II aimait leur esprit vif et tout ce qui venait de cette nation dont elle parlait élégamment la langue ; elle était éprise de ces mœurs légères, de cet esprit charmant qui unissait la grâce au caractère sérieux du devoir. La correspondance de Grimm lui faisait connaître tout ce qui apparaissait de nouveau dans ce noble pays qu'elle disait privilégié de Dieu.

Un peu avant la signature de la paix de Jassy Catherine II faisait une perte cruelle, et le deuil de l'empire annonçait la mort de Potem-

(1) Les Langeron étaient d'une ancienne famille du Nivernais. Le comte de Langeron était colonel du régiment de Médoc ; il avait reçu une épée d'honneur de Catherine II.

(2) Les premiers émigrés reçurent des grades, des terres, des pensions de l'impératrice.

kin, un des opposants à la paix. L'opinion du prince Potemkin n'avait pas été favorable aux négociations. Dans sa pensée, jamais circonstance n'avait été plus dessinée pour accomplir le projet de la Russie d'en finir avec l'empire turc ; les renseignements venus de Constantinople annonçaient qu'il y avait au sérail, destiné à monter sur le trône du sultan, un jeune prince, Selim (1), l'ennemi le plus prononcé du nom russe et qui ne chercherait qu'une circonstance pour se venger : pourquoi dès lors ne pas réaliser tout d'un coup la sainte pensée de la Russie? pourquoi ne pas marcher sur Constantinople? Potemkim s'étonnait des résistances que trouvaient ses projets dans l'esprit de la czarine; d'où venait cette opposition? Comblé de tous les honneurs, revêtu de tous les ordres — l'impératrice était allée jusqu'à lui permettre de porter son portrait suspendu à son cou — il multipliait les fêtes de son palais de Tauride, il se peignait le visage pour se donner une façon de jeunesse et de force; toutes ces résistances contre la destinée ne lui rendaient pas la santé et la vie. Potemkin quitta

(1) Depuis sultan Sélim III, fils de Mustapha III ; il avait coutume de dire : « Qu'il voulait venger les fidèles croyants des outrages qu'ils avaient reçus des Russes. »

subitement Saint-Pétersbourg, ses plaisirs et ses fêtes, pour Jassy, où il eut avec le prince Repnin une vive querelle sur l'esprit et la direction de la guerre ; Potemkin continuait sa route dans sa voiture pour Nicolaïeff, lorsqu'il fut saisi tout à coup d'un frisson, avec des douleurs si violentes, qu'il ne put soutenir les cahots de sa voiture (1) ; on le coucha au pied d'un arbre sur un de ces tapis d'Orient qui étaient son lit de repos ; il put à peine serrer la main de la comtesse Branitzka, sa nièce, et il expira. On fit courir des bruits sur cette mort étrange, subite ; la cause en fut dans l'épuisement, dans les secousses d'une vie tumultueuse, fatiguée, qu'il soutenait par des excès de toute espèce : le vin à foison, des liqueurs fortes, un appétit homérique qui dévorait un jambon, une oie russe farcie de piment et de truffe. Il laissa une fortune accumulée de plus de 150 millions, des palais, des pierreries orientales, avec la renommée de l'homme d'État qui avait le mieux compris et le plus hardiment développé les destinées de la Russie.

(1) On peut avoir les plus exacts renseignements dans une *Vie de Potemkin,* rédigée d'après les meilleurs ouvrages allemands. Paris, 1807, in-8°.

# XIV

## Politique de Catherine II à l'égard de la Révolution française. — Les Émigrés. — Troubles de la Pologne. Partage définitif.

### (1791 — 1794.)

La Révolution française venait d'éclater dans toutes ses agitations tumultueuses. Je ne dis pas que l'Europe ne l'aperçut pas; mais au milieu des préoccupations diplomatiques qu'avait suscités les projets de Catherine II sur l'Orient, cette Révolution ne fut d'abord considérée que comme un incident presque sans importance; un orage « qui se dissiperait bientôt comme les troubles des Pays-Bas qui s'étaient apaisés par la prompte intervention des troupes autrichiennes (1). » Ce ne fut qu'après les journées des 5 et 6 octobre 1789 que l'on s'aperçut des véritables tendances de la Révolution; les émigrations commencèrent sur une vaste échelle. L'Europe se remplit de gentilshommes français qui avaient fui leur patrie : un certain nombre vint à Pétersbourg, et fut accueilli avec un extrême empressement, je l'ai déjà dit, par Catherine II, qui ne dissimula pas dans ses manifestes sa haine profonde pour l'anarchie qui se produisait en France; et sans reconnaître combien elle s'était trompée dans ses rêves philosophiques, la protectrice de Diderot, de d'Alembert, l'amie de Rousseau et de Voltaire dut retirer son ambassadeur accrédité auprès du roi Louis XVI.

Le comte de Ségur lui-même demanda son congé, il n'avait plus rien à faire à Pétersbourg; la Révolution jetant la France dans d'autres voies, rendait complétement inutiles toutes les négociations vraiment européennes; il n'y avait plus rien de grand, de stable à traiter avec les chefs du parti populaire (2). Le comte de Ségur,

_______

(1) Il avait suffi d'une armée de 30,000 hommes pour sou mettre la rébellion des Belges.

(2) M. de Montmorin qui avait succédé à M. de Vergennes dans le département des affaires étrangères était annulé par

de son côté, avait hâte d'aller rejoindre ses anciens amis, très en avant dans les nouvelles idées : MM. de la Fayette, Lameth, Biron, ses camarades des guerres d'Amérique. En vain Catherine II voulut le détourner de cette résolution par des paroles graves, bienveillantes et toutes pleines d'avenir ; M. de Ségur, enthousiaste pour les nouvelles idées de 1789, ne pouvait s'arrêter à des considérations de retenue et de sagesse. Il continua sa route en traversant Vienne, Berlin ; il eut avec les souverains de ces États des conférences pour les apaiser et les rassurer sur les tendances de la Révolution française et sur l'acceptation de la Constitution de 1791 par le roi Louis XVI, point d'arrêt impuissant dans les témérités ardentes de la Révolution française.

Catherine II ne prit aucune part à la conférence de Pilnitz, elle ne menaça que par des paroles retentissantes et resta l'arme au bras, comme l'avaient fait d'abord les souverains signataires du manifeste. La Russie était alors en guerre ; et après la paix signée avec la Suède et la Turquie, si elle pouvait disposer de forces considérables, les troupes

le comité diplomatique de l'Assemblée législative, dirigé par Brissot.

avaient besoin de repos, les finances étaient épuisées. Catherine accueillit admirablement les émigrés français; elle offrit un asile à Monsieur, le frère du roi Louis XVI, comte de Provence, une épée et des subsides au comte d'Artois (1) ; ses lettres respiraient un esprit chevaleresque et donnaient des espérances et des encouragements aux gentilshommes; elle brisa tout à coup les relations commerciales avec la France, et par un ukase solennel elle défendit l'importation des produits français (2); mais l'impératrice ne fournit pas un homme, pas un écu à la première coalition ; le cabinet de Saint-Pétersbourg avait les yeux fixés sur la Pologne, où se préparait de grands changegements par suite de l'ardente propagande de la Révolution française.

La Constitution de la Pologne promulguée par la Russie en 1775 avait un caractère assez élastique; si elle donnait au Roi une certaine puissance, elle laissait à la diète un grand pouvoir d'opposition; elle était restée toujours

(1) Catherine II croyait alors au soulèvement de la Vendée et de la Bretagne; elle offrait une épée au comte d'Artois pour qu'il se mît à la tête du mouvement.

(2) Cet ukase est un peu postérieur à la première époque de la Révolution.

insubordonnée : par caractère et par tradition la Pologne gardait encore des éléments d'anarchie, et la diète embarrassait les affaires publiques. La Pologne sentait profondément la douleur du dernier partage : quelques intrigues de la Prusse et de l'Angleterre, lors de la guerre de la Russie contre la Porte-Ottomane, avaient reveillé l'esprit révolutionnaire des partis en Pologne. Le cabinet de Saint-Pétersboug n'avait pas été sans en connaître les instigateurs ; elle savait l'impuissance de Stanislas-Auguste pour les comprimer ; elle devait se préparer à une prompte et efficace répression (1).

Ce qui avait encouragé et fortifié les résolutions hardies de ceux qu'on appelait les patriotes polonais, c'était la nature des événements qui se passaient en France ; la Constitution de 1791 une fois proclamée, les niais de l'Assemblée nationale s'étaient imaginé que tout était fini et qu'on n'avait qu'à se reposer paisiblement à l'abri des *droits de l'homme*. Mais en dehors de la Constitution, il y avait un parti actif, révolutionnaire qui ne se reposait pas, et tôt ou tard il serait maître des affaires. C'est ce qui arriva

---

(1) La situation du roi Stanislas-Auguste était devenue impossible : on peut en voir les preuves dans le précieux recueil *sur la Pologne* publié par le comte d'Angebert. (Amyot, 1861.)

sous l'Assemblée législative, où disparut tout à fait l'influence de M. de Montmorin ; M. Delessart fut même mis en accusation.

Les Girondins, cette coterie impuissante, pleine d'intrigues et d'orgueil, maîtresse un moment du ministère, portèrent le trouble en Europe par la force nouvelle née du patriotisme universel qu'on appela la propagande : les patriotes Polonais eurent leurs agents à Paris affiliés aux clubs. Le ministère girondin que présidait le général Dumouriez les accueillit, les favorisa dans le dessein d'une révolution. Le roi Stanislas-Auguste, suivant l'exemple de Louis XVI, avait accepté une Constitution qui transformait le pouvoir électif en la couronne héréditaire, avec deux Chambres où dominaient les classes moyennes, et un conseil à qui devait appartenir l'initiative du gouvernement (1). Une vive opposition, dirigée par Félix Potocki et Rzeweckî, se manifesta contre cette Constitution, elle forma la confédération de Turgovitch, et Catherine II, prenant pour prétexte l'esprit révolutionnaire, fit occuper la Pologne par une armée russe : la diète de Grodno (2) s'ouvrit pendant

(1) Cette Constitution fut décrétée le 3 mai 1791.
(2) Le 23 juillet 1792.

cette occupation. Sous son influence, l'ancienne Constitution fut rétablie, et l'élément révolutionnaire put s'agiter à l'aise, en invoquant les nobles principes de liberté et d'indépendance nationale. Kosciuszko qui avait connu les patriotes français lors de la guerre d'Amérique vint lui-même à Paris pour s'entendre avec les chefs de la Révolution (1).

L'Assemblée législative venait de déclarer la guerre à l'Autriche ; l'alliance de 1756, objet de tant de jalousie en Europe, était brisée par la France elle-même sur le rapport de Brissot, moitié agent secret sous le vieux régime, sorte de pamphlétaire qui servait les intérêts de l'Angleterre. Le système de Brissot se développa par la propagande ; les clubs et les Jacobins de Paris s'étaient mis en rapport avec les mécontents de Varsovie ; quand ceux-ci crurent le temps venu, ils prirent avec un courage imprudent l'initiative de l'insurrection générale. La patrie est une idole si chère à tous, qu'on ne peut désapprouver même la témérité malheureuse qui aboutit à une catastrophe ; les Polonais usèrent

(1) Thadeus Kosciuszko avait acquis une grande renommée ; jeune officier, il avait servi dans les guerres d'Amérique comme aide de camp de Washington ; il était resté à Paris jusqu'en 1792, qu'il fut appelé en Pologne.

de leur droit en invoquant la dictature ; elle fut terrible, sanglante, il se passa des actes d'une cruauté inouïe à Varsovie, écho des tueries aux prisons de Paris ; les captifs furent massacrés de sang-froid par les meneurs de la populace ; Varsovie eut même son tribunal révolutionnaire aux applaudissements des clubs enthousiastes et frémissants (1).

Cette insurrection était depuis longtemps pressentie par les trois puissances intéressées qui s'étaient déjà entendues sur l'application d'un remède violent : le partage définitif et absolu du territoire. Ce qui restait de la Pologne était depuis longtemps mesuré par lieues carrées et par groupe de populations, de sorte que lorsque l'insurrection éclata contre l'occupation russe, l'accord des trois puissances s'accomplit avec une entente parfaite. Les armées russe, prussienne, autrichienne s'ébranlèrent à la fois : les Polonais se défendirent héroïquement, mais aucune unité ne présida, ni au gouvernement, ni à la marche des armées ; ils avaient nommé pour dictateur Kosciuszko, qui, lui-même entouré de méfiance, fit des pro-

______

(1) Le *Moniteur* de l'année 1793 est rempli de récits de l'insurrection polonaise et se complaît à rapporter les actes les plus cruels.

diges. Souvaroff, rappelé de l'armée du Danube par l'impératrice Catherine II, finit la campagne par un coup de tonnerre : la prise sanglante de Praga et de Varsovie. Les chefs de l'insurrection furent dispersés, on jeta dans la captivité bien des grandes familles, jusques dans la Sibérie; quelques braves jeunes hommes échappés du massacre ou de la captivité traversèrent l'Allemagne et vinrent se réfugier à Paris (1). Le traité définitif du partage ne fut que la consécration des traités antérieurs entre les trois puissances; Catherine II vit s'accomplir un de ses grands projets, qui était d'étendre l'empire russe jusqu'aux frontières de l'Allemagne.

Le roi Stanislas-Auguste abdiqua le pouvoir qu'il avait reçu de Catherine II, pouvoir si agité, si disputé par les intrigues des partis qui divisaient la Pologne; il jeta au loin sa cou-

---

(1) Kosciuszko se défendit avec un courage incomparable : à la tête d'une armée moitié milice, moitié troupe régulière, il résista aux Prussiens et aux Autrichiens : accablé de blessures, il fut fait prisonnier. En tombant sur le champ de bataille, il avait dit : *Finis Poloniæ* (phrase qu'il a depuis démentie). Échappé de sa prison, Kosciuszko vint à Paris ; il s'établit à Fontainebleau. Il y était encore en 1814 et fut parfaitement accueilli par l'empereur Alexandre, alors très-favorable aux Polonais. (Voir mon *Histoire de la Restauration.*)

ronne d'épines. Souverain loyal et le plus sincérement dévoué à la Pologne, Stanislas-Auguste aurait désiré la sauver de ses périls, la préserver de ses fautes ; il ne put réussir, car les passions républicaines étaient trop vives et tous ses actes de prudence étaient qualifiés de trahison : ce n'était plus le noble et beau Poniatowski des jours de jeunesse et d'énergie, mais un vieillard plein de scrupules et de faiblesses ; il vint habiter Saint-Pétersbourg, près de l'impératrice Catherine II, déjà vieille aussi. Les trois puissances copartageantes s'obligèrent à lui servir deux cent mille ducats de pension comme indemnité de la couronne qu'il avait abdiquée.

L'impératrice était alors très-préoccupée de l'état de l'Europe, de l'Allemagne que menaçait avec une puissante énergie la nouvelle République française. La diversion des armées prussiennes et autrichiennes en Pologne avait compromis la campagne de 1792-1793 ; l'armée républicaine prenait une glorieuse initiative en passant le Rhin. Avant de s'associer à une coalition, la Russie voulait profiter des complications politiques pour accomplir ses projets sur la Suède et l'Orient.

# XV

## La diplomatie de Catherine II et le Comité de salut public de la République française.

(1793—1794)

Le partage de la Pologne s'était accompli en présence de la nouvelle République française qui défendait elle-même sa Constitution et son territoire avec héroïsme. Ce que les esprits sérieux doivent remarquer comme un trait caractéristique, c'est que le Comité de salut public, à l'époque de sa plus forte constitution (novembre 1793-juillet 1794), ne prit que très-peu d'intérêt à la cause de la Pologne, et qu'il renonça même à tout système de propagande à l'étranger. L'histoire sérieuse du Comité de salut public (1) n'a jamais été écrite ; ce comité se composait d'hommes d'énergie qui voulaient sauver et gouverner la France : sans doute c'était une utopie que le rêve d'égalité et de fraternité que le Comité voulait réaliser dans un pays de civilisation avancée tel que la France ; mais les Jacobins y marchaient droit, comme des fanatiques profondément convaincus à qui le sang versé ne faisait rien ; comme les anabaptistes et les têtes-rondes de Cromwell.

Jusqu'à l'entier accomplissement du partage de la Pologne la diplomatie de Catherine II à l'égard de la Révolution française s'était bornée à des manifestations, à des menaces, sans qu'il y eût intervention armée ; Catherine II avait écrit au prince de Condé, chef de la noblesse française, des lettres pleines d'éloges et d'encouragement ; elle avait envoyé des subsides, des décorations ; un ukase défendait tous rapports commerciaux entre la Russie et la France ; les marchandises françaises, même les vins, étaient prohibées en Russie (2). Ce ne fut qu'à la fin de 1793 que la Russie, se rapprochant tout à fait de l'Angleterre, s'engagea par un

(1) Je me propose d'accomplir ce travail.

(2) Ukase du 20 avril 1793.

traité positif à fournir dix vaisseaux (1) et un corps de troupes russes qui devaient seconder l'insurrection de la Vendée ou opérer en Hollande de concert avec les alliés (2).

Tandis que les Girondins, ambitieux agitateurs, voulaient remuer le monde par la propagande, les Jacobins, les seuls hommes sérieux et conséquents de la République, désiraient l'ordre, la hiérarchie. Robespierre avait la conviction profonde qu'avec la propagande immodérée et les doctrines d'anarchie, on soulèverait toute l'Europe contre la France ; qu'il fallait agir avec énergie sans doute, organiser un terrible système défensif, mais ne blesser personne, ni les doctrines, ni l'ordre européen. Ainsi dans l'opinion du Comité de salut public on devait garder, conserver un grand respect pour les neutres, ménager même la Prusse pour la détacher de la coalition, ne pas trop heurter les desseins de la Russie en Orient et même en Pologne pour éviter qu'elle n'envoyât ses troupes sur le Rhin. Quand Robespierre se fut débarrassé des Girondins; des Hebertistes, des

(1) La flotte anglo-russe devait d'abord attaquer la Suède et le Danemark pour les forcer à renoncer à la neutralité.

(2) Les Vendéens avaient du succès ; ils menaçaient déjà la Touraine.

Dantonistes (les fédéralistes, les anarchistes, les immoraux), il se hâta d'imposer à ses relations extérieures un ordre, une pensée de régularité remarquables. Le Comité de salut public, composé d'hommes tout civils et peuple, ne désirait pas une guerre éternelle qui aurait amené une dictature militaire ; il ne voulait provoquer personne, et s'il se défendait avec persévérance et héroïsme, il offrait son amitié aux neutres, aux Suisses, à la Suède, au Danemarck ; il cherchait à détacher la Prusse de la coalition ; le but du Comité de salut public était de réduire l'Autriche et l'Angleterre à une guerre limitée en soulevant les anciennes jalousies de la confédération allemande (1).

Aussi ce qui importunait le plus Robespierre, c'était la présence à Paris des réfugiés Prussiens, Allemands, Polonais ; il voulait se débarrasser d'Anarchasis Clootz par le tribunal révolutionnaire (2); il fit savoir à Kosciuszko

---

(1) On ne saurait trop lire et méditer le remarquable discours de Robespierre (mars 1794) sur les affaires extérieures de la République française ; il fut envoyé par courrier extraordinaire à tous les ministres résidents.

(2) A Berlin on se montrait très-satisfait des concessions du Comité de salut public. Le prince Henri était fort partisan de Robespierre.

et aux Polonais qu'ils n'eussent point à compter sur le Comité de salut public et sur les secours de la République, et lorsque le partage de la Pologne par les trois puissances fut conclu, on n'éleva aucune réclamation, aucune plainte. *Le Moniteur* n'exprima pas une opinion qui pût blesser la Prusse; les Jacobins même se montrèrent satisfaits de ce que le partage de la Pologne détournait un moment la coalition de ses projets contre la République française (1). Aucun pouvoir ne resta plus insensible que le Comité de salut public aux plaintes des Polonais; on les traitait à Paris presque en intrigants, et plusieurs clubs les excluaient de leur délibération. Les discours de Saint-Just étaient dirigés spécialement contre les intrigues des étrangers. Anarchasis Clootz fut surtout l'objet de son animadversion, car il empêchait les négociations avec la Prusse, il blessait par ses divagations européennes l'intérêt qu'on avait à ménager le cabinet de Berlin pour le séparer de la coalition avec l'Autriche et renouveler les anciennes et naturelles rivalités entre les deux puissances en Allemagne.

(1) L'insurrection de la Pologne obligea la Prusse à détacher une partie de ses troupes et à les porter du Rhin sur la Vistule.

Cette politique du Comité de salut public, sage et discrète, on la retrouvait à Constantinople. Depuis le traité de Jassy, la Russie, qui avait fait de larges concessions, espérait acquérir son ascendant politique à Constantinople et décider la Porte-Ottomane à déclarer la guerre à la France ; sur ce point la Russie était d'accord avec l'Autriche et l'Angleterre. Pour lutter contre cette influence, le Comité de salut public avait destiné pour Constantinople une ambassade qu'il avait confiée à M. de Sémonville ; elle ne put arriver à sa destination. Par les ordres de l'Autriche, M. de Sémonville et son compagnon diplomatique, M. Maret (1), furent arrêtés, enlevés dans la Suisse italienne et tous deux conduits dans une forteresse autrichienne (2). La Russie se crut un moment maîtresse des résolutions de la Porte-Ottomane et pouvoir décider enfin le sultan à rompre tous ses rapports avec la France. A cette époque et par un de ces revirements subits en diplomatie, les deux légations russe et anglaise, si longtemps rivales à Constantinople, s'entendaient dans une action simultanée sur le Divan,

(1) Depuis duc de Bassano.
(2) Juillet 1793.

toutes deux avec le même but d'entraîner le sultan dans un système d'hostilité contre la République française, de manière à faire entrer la flotte et l'armée turques dans les forces de la coalition. La Russie et l'Angleterre s'efforçaient de démontrer au Divan que le jacobinisme était un principe de destruction pour toutes les souverainetés, et que la Révolution en voulait aussi bien au pouvoir du sultan qu'aux principes des royautés chrétiennes.

Le Comité de salut public, avec une remarquable habileté, cherchait à rassurer la Porte-Ottomane. Quand la direction des affaires étrangères avait été dans les mains de Brissot et de Dumouriez, tous deux avaient envoyé comme ambassadeur à Constantinople un de ces gentilshommes devenus révolutionnaires, le marquis Descorche de Sainte-Croix (1), esprit actif, intrigant, déjà mêlé aux affaires de la Pologne. Sainte-Croix s'était agité au point de rêver la création d'une république à Constantinople; il s'y était même formé des clubs contre le sultan. Cette politique de propagande

_______________

(1) Le marquis de Sainte-Croix, gentilhomme de la province de Normandie, avait été attaché à M. le comte d'Artois; maréchal de camp, il avait débuté dans la diplomatie par deux missions : l'une à Liége, l'autre à Varsovie en 1791.

fut immédiatement désavouée par le Comité de salut public dirigé par Robespierre ; le marquis de Sainte-Croix fut rappelé, et *le Moniteur*, rédigé sous l'influence personnelle du Comité de salut public, déclara hautement que la République française désavouerait toute espèce d'intrigues et de doctrines qui pouvaient blesser les droits de la Sublime-Porte, qu'elle respectait les gouvernements de ses alliés. Le Comité de salut public signalait les clubs de Constantinople comme une des intrigues de la faction de l'étranger (1) ; il dénonçait en même temps les desseins de l'Angleterre et de la Russie à l'égard de la Porte-Ottomane ; il montrait les démarches oppressives des agents russes, et énumérait avec complaisance les forces que la Turquie pouvait déployer contre la Russie et l'Autriche.

Le Comité de salut public démontrait enfin que le temps était venu de prendre sa revanche et d'arracher à ces deux puissances les provinces qu'elles avaient conquises sur la Porte-Ottomane par la force et la ruse ; la République française promettait de l'aider dans cette œuvre.

_______________

(1) On peut lire dans le *Moniteur* les articles CONSTANTINOPLE, depuis le mois de février jusqu'au mois de juillet 1794.

Le cabinet de Saint-Pétersbourg, uni à l'Angleterre, eut un moment quelques soucis sur l'alliance possible de la Porte-Ottomane avec la République française (1).

Cette même politique, le Comité de salut public la suivait à l'égard de la Suède, puissance qui venait de subir une révolution dans son gouvernement et dans son attitude diplomatique. Jusqu'à la Révolution française, Gustave III s'était montré hostile à la Russie ; par un brusque revirement de politique, le roi de Suède, à l'aspect des malheurs de Louis XVI, avait chevaleresquement pris parti pour l'émigration, et afin d'accomplir le dessein d'une croisade contre les révolutionnaires, il s'était brusquement retourné vers la politique de la Russie (2) : des traités étaient conclus pour la réunion des forces russes et suédoises, flottes et armées, dans le but d'un débarquement sur les côtes de France. Tout à coup cet accord diplomatique fut brisé par la catastrophe de Gustave III frappé au milieu d'un bal masqué ; son

----

(1) A cet effet, le Comité de salut public avait envoyé à Constantinople le drogman Pierre Ruffin, né à Salonique, l'homme qui connaissait le mieux les intérêts et les opinions de la Porte-Ottomane.

(2) Voir mon *Louis XVI*.

jeune fils fut placé sous la régence de son oncle le duc de Sudermanie, et déjà le nouveau régent préparait un changement dans la dynastie qui était aussi une révolution.

Les rapports de la Suède avec la Russie changèrent tout à coup. Il n'y eut plus ni traité militaire, ni alliance de principes entre les deux cours ; le cabinet de Stockolm proclama sa neutralité absolue, de concert avec le Danemarck ; ce qui donnait à ces deux puissances un développement considérable de richesses commerciales (1) ; toutes les transactions des neutres restaient dans leurs mains. A l'égard de la Suède, le Comité de salut public, toujours habile, suivait la même politique que vis-à-vis la Turquie ; il l'accablait d'éloges ; on peut lire dans le *Moniteur* les articles redigés par Barrère, l'écrivain de Robespierre, tous à l'éloge de la sagesse et de la loyauté du duc de Sudermanie. Ce même Comité qui traitait les rois avec tant de dédain et de colère, disait du régent : « Le prince si éclairé. » Ainsi le Comité de salut public acceptait la politique traditionnelle de la France. Environnés des anciens chefs de bu-

___

(1) Les neutres apportaient en France du bois, de l'huile, du savon, du sucre ; ils ne subissaient pas la loi du maximum.

reaux du duc de Choiseul et du comte de Vergennes, il en suivait les inspirations : peu lui
importait les antécédents royalistes de ceux
qu'il employait, pourvu qu'ils le servissent fidèlement. Robespierre avait placé sa confiance
politique dans Barthélemy (1), l'envoyé en
Suisse, qui était devenu le centre de ses négociations à Berne et de tous ses renseignements.
Barthélemy, doux, facile de caractère, donnait
des passeports aux émigrés : le Comité de
salut public fermait les yeux, parce que Barthélemy maintenait la neutralité de la Suisse,
et avec l'habitude des traditions, il négociait
sous main pour obtenir de la Prusse une attitude bienveillante envers la République française qu'elle accepta plus tard par le traité de
Bâle et qui devait très-sérieusement ébrécher
la coalition.

Catherine II n'ignorait aucune de ces circonstances ; elle savait l'activité, les intrigues
diplomatiques du Comité de salut public à Con-

---

(1) Barthélemy, neveu de l'abbé Barthélemy, protégé par
M. de Choiseul, avait été longtemps premier secrétaire d'ambassade à Vienne ; il était fort aimé, fort estimé par le corps
diplomatique ; on s'adressait volontiers à lui. Je l'ai connu
vieillard, pair de France, sous le titre de marquis de Barthélemy, plein de souvenirs et de bienveillance.

stantinople, à Stockolm, à Copenhague et même à Berlin ; elle était menacée de la guerre sur le Danube, dans la Baltique, et cette situation la détermina, bien plus que l'horreur inspirée par les principes de la République française, à se rapprocher de plus en plus de l'Angleterre et de l'Autriche.

Mais l'impératrice ne prit aucune part aux premiers armements de la coalition : elle se contenta de publier des manifestes pleins d'invectives contre la Révolution française ; et les écrivains de la République lui rendaient calomnie pour injures. Les plus tristes et les plus odieux pamphlets contre Catherine II, ceux sur lesquels on a écrit souvent sa biographie et son histoire, furent publiés à cette période du gouvernement révolutionnaire (1), et ce qui n'est pas à l'éloge de M. de Ségur, il fut dit que beaucoup de notes furent fournies à Castera sous son influence (2). Ce n'était ni de son rôle, ni de son caractère, pas même de son esprit. M. de Ségur, si parfaitement accueilli à Saint-Pétersbourg par l'impératrice, ne devait pas l'oublier ; elle avait apprécié son charmant esprit, elle l'avait ad-

(1) 1793-1795.

(2) *Biographie universelle* des frères Michaud.

mis dans son intimité; comment M. de Ségur pouvait-il révéler la vie privée de Catherine II? La faiblesse du caractère fait commettre souvent bien des fautes; l'ancien ambassadeur, pour échapper à la révolution, s'était fait poète et chansonnier : il remplissait l'*Almanach des Muses* (1) de ses poésies; l'impératrice Catherine pouvait ne plus être la muse qui l'inspirât, mais il ne devait pas s'abaisser jusqu'à fournir des notes pour atteindre la renommée de celle qu'il avait trop souvent appelée grande et magnifique dans ses vers gracieux et pétillants de verve.

(1) Les chansons de M. de Ségur retentissaient dans les salons; il publiait aussi des livres politiques.

# XVI

## La vieillesse de Catherine. — Les dernières années de son gouvernement.

( 1791 — 1795 )

Au milieu de ces grandes agitations politiques, l'impératrice Catherine parvenait à la vieillesse sans que l'activité de son esprit en fût amoindrie et que les feux mêmes de son imagination se fussent attiédis. On citait à sa cour deux affections particulières pour ses aides de camp Mononoff et Zubow, auxquels la médisance donnait une douce place dans le cœur de Catherine. Les pamphlets venus de l'étranger, sans en excepter les écrits et les propos de la comtesse Daschkoff (disgraciée), donnaient de la consistance à ces bruits. Un témoin oculaire, peu favorable à Catherine, trace d'elle un portrait séduisant : « Catherine avait été belle dans sa jeunesse et conservait dans les derniers temps de sa vie de la grâce et de la majesté ; sa physionomie ne manquait pas d'expression, mais cette expression marquait peu ce qui se passait dans son âme, ou plutôt elle ne servait qu'à la mieux déguiser. Les jours de cérémonie, cette princesse réunissait sur sa personne et dans sa cour tout ce que l'élégance européenne peut ajouter d'éclat à la pompe asiatique ; alors ses cheveux, sa robe étaient couverts de pierreries et sa tête était parée d'une couronne de diamants d'un prix inestimable. Parmi ces diamants était la merveilleuse pierre que Catherine avait acquise d'un Grec qui l'avait achetée à Ispahan ; ce diamant d'un admirable reflet, déposé à la banque d'Amsterdam, fut acquis par Catherine au prix de 100,000 livres sterling et de plus une pension de 4,000 ducats à son propriétaire (1). »

L'impératrice cherchait ainsi par l'éclat de sa parure à effacer les outrages du temps. On n'eut jamais dit ses années à voir son activité inces-

_______

(1) Ce portrait est de Castera : on dit qu'il lui fut communiqué par M. de Ségur.

sante, la fraîcheur de ses idées, la grâce courtoise de son esprit un peu oublieux de ses affections, et à peine s'apercevait-on à Saint-Pétersbourg de la mort du prince Potemkin, mort soudaine qui était venue à temps : d'autres idées avaient surgi, d'autres besoins étaient arrivés, et l'on entrait dans des voies nouvelles, en face d'un péril bien grand, la Révolution française devenue conquérante.

Catherine était avant tout une tête féconde et administrative; toutes les parties des services publics se ressentaient de son heureuse influence; le dernier coin de son empire était cultivé, fertilisé; elle fit exploiter sur une grande échelle les mines d'or, d'argent et de cuivre découvertes sous Pierre I$^{er}$ par l'armurier Demide, l'aïeul des riches Demidoff. Proccope Demidoff fut un des hommes les plus favorisés par Catherine II; quoique d'une naissance fort obscure, son fils Nicolas Nikitich Demidoff fut placé dans le régiment des gardes et servit d'aide de camp au prince Potemkin dans la dernière campagne contre les Turcs (1).

L'agriculture, le commerce furent les pas-

______

(1) J'ai donné une notice détaillée sur les Demidoff dans mon travail *Sur les Financiers*.

sions de Catherine II ; elle introduisit la culture des vers à soie sous le doux climat de l'Ukraine ; elle fertilisa les bords du Volga ; elle entreprit en grand la culture des céréales dans la mer Noire et l'exportation devint une des richesses de la Russie (1) : de vastes canaux sillonnèrent les terres jusque-là abandonnées ; elle jeta les fondations d'une nouvelle cité qui dut s'appeler du nom d'Odessa ; le prince Potemkin rebâtit Kerson ; la mer Caspienne, couverte de navires marchands, devint le centre du commerce avec Ispahan ; le fer, la fourrure de Russie furent échangés contre la soie et les beaux tapis de Perse ; les Sibériens et les Boukares formèrent des caravanes qui vinrent trafiquer jusqu'à Pékin (2), et en échange de leur marchandise ils recevaient du thé, des porcelaines, des pierreries. Il existe encore une lettre de Catherine II écrite à l'empereur de la Chine pour demander l'établissement d'un marché commun d'échange à Kiatchoi ; quand un traité fut signé avec la Chine elle stipula la condition qu'un certain nombre de jeunes gens

(1) La Crimée dut, au reste, sa fertilité et sa civilisation à un Français, le duc de Richelieu, gouverneur d'Odessa.

(2) En 1775.

russes seraient envoyés à Pékin pour s'instruire dans la langue et les mœurs de la Chine. Ce fut l'origine de l'école russe de Pékin, et cette école devint presque une mission permanente (1).

Dans la vie privée, Catherine II se montrait douce, simple même, avec une affectation de philosophie et de désintéressement bien au-dessus des grandeurs du trône qu'elle semblait dédaigner : elle écrivait avec une sorte d'abandon et d'indifférence pratique au docteur Zimmermann (2) : « Si mon siècle me craint, il a grand tort ; je n'ai jamais voulu inspirer la terreur à personne, j'aurais désiré être aimée, être estimée ce que je vaux ; voilà tout : j'ai toujours pensé qu'on me calomniait, parce qu'on ne me comprenait pas ; je n'ai jamais haï ni envié personne ; mon plaisir et mon désir auraient été de faire des heureux ; mais comme chacun ne saurait l'être que selon son caractère, mes souhaits en ceci ont souvent trouvé des obstacles ;

(1) Ce fut longtemps une faveur exclusivement accordée à la Russie.

(2) Le docteur Zimmermann, médecin célèbre de la Suisse, avait écrit un livre, aujourd'hui oublié et qui avait fait grand bruit, sous le titre de *la Solitude* ; Catherine l'avait lu avec enthousiasme.

mon ambition assurément n'était pas méchante, mais peut-être aussi j'ai trop entrepris ; j'ai cru les hommes susceptibles de devenir raisonnables et heureux. La race humaine, en général, penche au déraisonnement et à l'injustice, j'ai fait cas de la philosophie, parce que mon âme a été singulièrement libre (on lit républicaine dans quelques versions, ce qui serait étrange dans la bouche d'une impératrice) ; je conviens que c'est peut-être un singulier contraste que cette trempe d'âme avec le pouvoir illimité de ma place ; mais personne ne dira en Russie que j'en ai abusé ; j'aime les beaux-arts par pure inclination ; pour mes écrits je les considère comme peu de chose, j'aime à faire des essais en différents genres ; il me semble que tout ce que j'ai fait est assez médiocre ; aussi n'y ai-je apporté aucune importance, passé l'amusement : pour ma conduite politique j'ai tâché de suivre les plans qui m'ont paru les plus utiles à mon pays et les plus supportables aux autres ; si j'en avais connus de meilleurs je les aurais adoptés ; l'Europe a eu tort de s'alarmer de mes desseins auxquels, au contraire, elle ne pouvait que gagner ; si j'ai été payée d'ingratitude, personne au moins ne peut dire que j'ai manqué de reconnaissance : souvent je me suis vengé de mes ennemis en leur faisant du bien et en leur pardonnant (1). »

Cette lettre, — portrait dans laquelle se peint en buste Catherine II elle-même, — est curieuse. L'impératrice se parfume d'encens : ce sentiment de soi poussé à l'extrême vient souvent de la conviction profonde du bien qu'on a fait et du soin qu'on a mis à remplir sa tâche. On ne pouvait nier que le règne de Catherine ne fût grand et plein de merveilles. La pensée de Pierre Ier était accomplie à l'Orient et à l'Occident ; mais dire que ces vastes choses s'étaient accomplies sans ambition, pour le bien général de l'humanité, avec une indifférence presque philosophique, c'était là une de ces phraséologies habiles et réfléchies, adressées à un de ces écrivains de renommée qui préparent la postérité.

L'homme immense de la Russie fut le prince Potemkin. Les jugements qu'en ont portés M. de Ségur et madame de Staël sont restreints dans des horizons limités : ni l'un ni l'autre n'ont

---

(1) Catherine II continua à correspondre avec le docteur Zimmermann ; elle envoya une bague avec son portrait au docteur ; elle lui écrivit un petit billet de sa main : « A M. Zimmermann, pour le remercier des excellentes recettes qu'il a données à l'humanité dans son livre sur *la Solitude*.

. compris cette grande figure, moitié orientale, moitié européenne, qui remuait le monde d'un air nonchalant et ennuyé : Potemkin s'était préoccupé de quelques idées considérables, et la plus grande de toutes fut l'expulsion des Turcs d'Europe. Il existe plusieurs mémoires de Potemkin., écrits soit sur le partage de la Pologne, soit sur la Turquie, sur la Révolution française, et la pensée qui le domine est celle-ci : « Dans l'état d'agitation ardente des esprits produit par le xviii<sup>e</sup> siècle, il est essentiel que les cabinets de l'Europe cherchent à distraire les peuples et une croisade contre les Turcs peut seule sauver les gouvernements d'un cataclysme menaçant (1) ». Il n'était pas une seule question que le prince Potemkin n'examinât de cette hauteur : il avait désapprouvé toute paix avec la Turquie ; il croyait que la guerre une fois commencée contre l'empire ottoman, il fallait aller jusqu'au bout, et qu'une telle campagne ne pouvait etre finie que par la prise de Constantinople : il y avait de ces questions, selon lui, qui ne pouvaient être laissées au milieu de leur course et qui devaient trouver une solution. Potemkin vivait au centre

(1) Ces mémoires sont adressées à Catherine II.

de ces grandes idées. Le prince de Ligne l'a spirituellement jugé : « Potemkin a l'air paresseux et il travaille toujours ; toujours couché il ne dort jamais, ni jour ni nuit ; triste dans les joies du palais, malheureux à force d'être heureux, ministre habile ou enfant de dix ans, il a l'air tour à tour du plus fier satrape de l'Orient ou du courtisan le plus aimable de la cour de Louis XV. »

Mais les esprits n'étaient plus à cette hauteur ; le maréchal de Romanoff, le comte Repnin (1), nouveaux favoris de Catherine, et surtout le comte Zoubow, penchaient vers les concessions. La Révolution française commençait à faire une vive impression sur le monde : ce n'était pas un événement ordinaire que la proclamation d'une grande république en France. Il avait été insensé de la juger comme une émeute ou même comme une insurrection passagère. La République établissait son gouvernement ferme, unitaire ; ses armées débordaient en dehors des frontières ; il fallait

---

(1) Le feld-maréchal Nicolas, comte de Repnin, était le fils du comte de Repnin qui avait vaillamment combattu sous Pierre Ier. Le comte s'affilia plus tard à la secte des martinistes ; il fut envoyé à Berlin pour décider la Prusse. C'était l'oncle du prince Wolkonski.

donc compter avec elle. M. Pitt, qui la jugeait avec une grande hauteur, avait envoyé des agents à Pétersbourg, et l'ambassadeur anglais offrait un traité de subsides pour prendre à la solde de l'Angleterre un corps d'armée russe qui agirait en Hollande ou même sur les côtes de France. Indépendamment des avantages d'argent stipulés par le traité, il y avait encore un sérieux résultat pour la Russie : c'était de prendre une influence sur l'Allemagne, voie nouvelle ouverte à la politique du cabinet de Saint-Pétersbourg ; l'Orient était à lui, maintenant il allait tendre la main vers l'Occident.

# XVII

## La famille de Catherine II.
## Le grand-duc Paul.
## Les derniers actes de l'Impératrice.

### (1795—1796)

A mesure que la vieillesse marquait en signes ineffaçables les traits fortement grossis de Catherine II, quelques seigneurs, même au milieu de la cour, portaient déjà les yeux sur le grand-duc Paul qui jusque-là était resté étranger à la politique de la Russie (1). Né en octobre 1754, il avait trente-six ans en 1790 ; héritier de l'empire, Catherine ne l'avait initié à aucune des affaires d'État. C'était une destinée un

_______

(1) Le grand-duc Paul vivait alors presque isolé dans le palais de Gatschina.

peu étrange que celle du czarevitch (Petrowitz) Paul : désavoué par son père Pierre III (1), à sa naissance, comme fils illégitime, et fort aimé de sa mère, il avait cultivé son éducation sous la surveillance du comte Panin ; Paul se voua aux sciences exactes sous le savant physicien Æpinus, appelé à Pétersbourg. Catherine II, toujours affectionnée pour l'Allemagne, lui avait choisi pour fiancée une fille du landgrave de Hesse-Darmstadt. Paul l'aima d'une tendresse extrême ; elle mourut en couche et le czarevitch eut pour seconde femme la propre nièce du grand Frédéric, la princesse de Wurtemberg (2), charmante Allemande d'une nature douce, résignée, qui s'attacha d'une vive amitié au grand-duc ; ils demeurèrent quelque temps à Pétersbourg, puis, comme de simples pèlerins, ils se mirent à voyager dans les principales cours de l'Europe : à Varsovie, Rome, Naples, Amsterdam ; puis ils se dirigèrent vers la France, le centre des beaux-arts, de la politesse et de la civilisation.

Toutes les gazettes retentirent du séjour à

(1) Par un ukase secret destiné au sénat.

(2) Frédéric avait accueilli ce mariage comme un moyen de fortifier l'alliance de la Prusse et de la Russie.

Paris du comte et de la comtesse du Nord (c'était le titre qu'avaient pris les deux jeunes et heureux époux) (1), accueillis à Versailles au milieu des fêtes et des plaisirs, au Luxembourg, chez Monsieur, comte de Provence, avec une grande distinction. Ils avaient quitté la France, emportant avec eux une splendide idée de ce beau royaume ; le grand-duc Paul s'y créa de durables amitiés, il se prit d'une passion de gloire pour le prince de Condé qui l'avait comblé de prévenances dans les fêtes de Chantilly, au milieu de ces merveilleuses chasses où cinq cents couples de chiens répondaient à l'hallali (2). Comme l'habitude était alors d'avoir un correspondant littéraire, le grand-duc Paul choisit Laharpe, comme Catherine II avait distingué Grimm ; situation élevée pour les gens de lettres que ces correspondances qui les mettaient à la tête des opinions. Le voyage du comte et de la comtesse du Nord dura près de deux ans, et le czarevitch ne revit la Russie qu'à l'époque de la toute-puissance de Potemkin et des vastes projets de Catherine II.

(1) Le journal de Bachaumont est fort curieux de détails sur le voyage du comte et de la comtesse du Nord à Paris (1775).

(2) A Chantilly se trouvait le plus beau cabinet d'histoire naturelle formé par Valmont de Bomare.

En vain Paul demanda instamment à servir dans les armées russes, Catherine n'y consentit pas d'abord ; elle prit pour prétexte que, seul héritier direct de la couronne, on ne pouvait l'exposer aux périls d'une grande guerre ; peut-être la véritable pensée de Catherine II était que dans cette habitude de complots si fréquents dans les annales de la Russie, il ne fallait pas créer un parti militaire autour d'un czarevitch. Cette méfiante pensée fut poussée si loin que, lors de la guerre toute nationale contre les Turcs, Paul Ier ayant écrit à sa mère une longue lettre qui finissait par ces mots : « Toute l'Europe connaît le désir que j'ai de combattre les Ottomans ; que dira-t-elle en apprenant que je ne puis le faire ? » L'impératrice répondit par ces simples mots : « L'Europe dira que Catherine a un fils respectueux et soumis (1) » L'impératrice indiquait là précisément le devoir essentiel qu'elle imposait au grand-duc Paul. L'Europe et la Russie ne pouvaient douter de son courage, mais un parti pouvait l'entourer pour préparer une révolution de palais si fréquente en Russie. Toutefois dans la guerre contre la Suède en 1791, Cathe-

_______________

(1) Voyez les Mémoires du prince de Ligne.

rine II plaça son fils dans les rangs de l'armée russe avec le grade de général-major; il servit avec distinction à la tête d'une brigade qui opérait en Finlande (1).

Il n'y avait plus d'ailleurs de motif sérieux à invoquer contre le désir manifesté par le grand-duc Paul; la transmission de la couronne était assurée dans la famille impériale; Paul avait déjà un fils de quatorze ans qui portait le nom retentissant d'Alexandre (2). Dès l'âge le plus tendre l'impératrice l'avait éloigné de son père et de sa mère pour le façonner à ses idées et l'initier à sa toute-puissance; elle lui avait choisi pour gouverneur un de ses favoris, le comte Nicolas Soltikoff, et dans ses rêves philosophiques elle lui avait donné pour précepteur le colonel suisse La Harpe, esprit très-libéral; Pallas dut lui enseigner les sciences naturelles, et le colonel Masson les sciences physiques; l'impératrice avait pris la peine d'écrire elle-même de longs mémoires pour lui révéler la politique générale de l'Empire russe; elle lui destinait quelques-unes de ses propres

(1) Le grand-duc Paul écrivait au prince de Condé tous les incidents de cette campagne.

(2) Alexandre était né le 13 décembre 1777.

œuvres où se mêlait l'esprit philosophique de la souveraine (1).

Le système de Catherine II, sans perdre son caractère exclusivement russe, s'était un peu modifié depuis le partage de la Pologne; l'agression menaçante de la France au delà du Rhin, l'invasion de la Hollande par le général Pichegru, les progrès de l'armée républicaine en Allemagne, en Italie, avaient rapproché la Russie de l'Autriche et de l'Angleterre. Par un incident curieux dans l'histoire diplomatique, les ambassades russe et anglaise à Constantinople étaient tout à fait tombées d'accord sur une action simultanée vis-à-vis de la Porte-Ottomane : toutes voulaient l'entraîner dans des hostilités contre la France. Tout autre projet d'ambition sur l'Orient fut momentanément suspendu; il ne s'agissait plus à Saint-Pétersbourg du partage de la Turquie, le vaste plan de Potemkin; on se contentait d'une influence décisive sur la Porte-Ottomane pour la décider à une guerre contre la République française : le sultan Selim accepterait-il cette politique? (2).

(1) Dans les œuvres de Catherine, il est un petit écrit spécial destiné à l'éducation d'Alexandre.

(2) Des promesses on passa bientôt aux menaces, et une escadre anglaise parut aux Dardanelles (1795).

L'internonce autrichien, les ambassadeurs d'Angleterre et de Russie réunissaient leurs efforts communs dans ce seul but. Cette similitude de conduite et d'intérêts devait produire tôt ou tard une triple alliance entre les trois grands Cabinets. On ne pouvait pas compter sur la Prusse qui, au milieu de la lutte, faisait son traité particulier à Bâle avec la République française (1); l'Angleterre et la Russie se trouvaient ainsi libres de tout engagement avec le cabinet de Berlin qui entrait dans le système de la Suède et du Danemark : une pleine neutralité. On savait à Vienne, à Saint-Pétersbourg que la République française s'était engagée à favoriser la prépondérance absolue de la Prusse en Allemagne.

Catherine II n'hésita plus à signer un traité d'alliance intime et de subsides avec l'Angleterre qui, privée du concours de la Prusse, recherchait la Russie et l'Autriche. Les avantages

_______________

(1) Le traité de Bâle fut conduit avec une grande habileté par l'ambassadeur Barthélemy ; il fut fait des promesses considérables à la Prusse, et la plus habile fut de lui permettre la sécularisation des électorats ecclésiastiques; on alla jusqu'à dire que l'Allemagne pouvait former deux empires : l'un protestant, l'autre catholique. On réveillait ainsi toutes les antipathies entre la Prusse et l'Autriche.

que trouvait Catherine II dans ce traité, c'était d'obtenir un grand ascendant sur l'Allemagne, menacée sur le Rhin, et que Catherine II allait protéger ; l'Angleterre s'engageait à prendre même 50,000 Russes à sa solde pour opérer, soit dans la Hollande, soit dans la Vénétie. L'impératrice ne déguisant pas ses profondes antipathies pour la Révolution française, secondait de tous ses efforts l'insurrection de la Vendée avec le projet d'une restauration absolue de la maison des Bourbons.

Ce plan absorbait les derniers temps de la vie de Catherine II ; active, travailleuse, elle avait beaucoup perdu à la mort de Potemkin ; il lui avait été impossible de remplacer cette belle et facile intelligence, le génie de la Russie, celui dont le spirituel prince de Ligne disait encore : « Quelle est donc sa magie? du génie, de l'esprit naturel, une mémoire excellente, de l'élévation dans l'âme, de la malice sans méchanceté, de la ruse sans astuce, une grande générosité dans les récompenses, beaucoup de tact, le talent de deviner ce qu'il ne sait pas, enfin une parfaite connaissance des hommes. » Ainsi parlait le prince de Ligne (1)

(1) Le prince de Ligne était l'homme le plus charmant, le plus anecdotique ; il ne mourut qu'en 1815, après le congrès

de Potemkin qu'il avait connu et pratiqué toute sa vie sans en être ébloui. Catherine II s'était tellement incarnée en Potemkin qu'on a supposé un mariage secret. Potemkin avait été élevé à toutes les dignités : généralissime des armées russes, grand amiral de la flotte de la mer Noire et de la mer d'Azoff, hettman suprême des Cosaques. Epoux ou ministre, il suffit de dire que Catherine II perdit quelque chose de son prestige, de sa grandeur à la mort de Potemkin, qu'il ne faut pas juger comme un favori vulgaire, qu'un caprice avait élevé et qu'un caprice pouvait détruire; Potemkin fut l'homme des ambitions de la Russie au xviii<sup>e</sup> siècle.

La politique devait changer de direction ou se modifier sensiblement; on ne pouvait plus traiter la Turquie en vassale, en corps inerte qu'il ne restait plus qu'à dépecer. Le sultan Selim lui avait rendu la vie, et il n'avait aucune répugnance pour la République française qui le traitait avec déférence et honneur. Après l'ambassade un peu insignifiante de Verninac de Saint-Maur, la République avait envoyé comme ambassadeur extraordinaire près de la

de Vienne. C'est lui qui avait dit : « Le congrès danse et ne marche pas. » (Voyez mon *Histoire de la Restauration.*)

Porte-Ottomane le général Aubert-Dubayet, avec mission de pousser le sultan Selim à commencer les hostilités contre la Russie qu'il détestait profondément. Le général Aubert devait reprendre le projet du baron de Tott pour fortifier les Dardanelles (1).

Les circonstances paraissaient favorables; Catherine vieillissait et ses faiblesses grandissaient avec les années. On était sous le règne de Platon Zubow (2); c'était d'abord un sous-lieutenant aux gardes, beau de sa personne dont toutes les femmes rafolaient, un peu fat de ses grâces, soupant à vingt-cinq ans avec une impératrice sexagénaire, couvert de faveurs et de décorations; Platon Zubow servit dans la guerre contre la Perse et fut appelé au titre de prince, de grand-maître de l'artillerie, fortune aussi étrange que subite. La guerre perdit dès lors ce caractère osé et fort qu'elle avait eu sous Potemkin; les campagnes de Perse, conduites par Platon Zubow, n'amenèrent que les plus tristes résultats; l'armée russe fut compro-

(1) Le général Aubert-Dubayet était un ingénieur distingué.

(2) Platon Zubow avait pour père un gouverneur de province; à dix-huit ans il était entré aux chevaliers-gardes. L'Impératrice l'aimait comme un enfant ou un page du moyen âge et lui donna un appartement au palais de Czarkozelo.

mise au milieu d'un pays malsain, et plus d'un corps de braves troupes périt de maladie et de misère. Ce fut Zubow qui introduisit le système de corruption en grand dans les armées russes ; il supposait des corps qui n'existaient pas ; il avait des régiments sur le papier. L'impératrice pardonnait tout à son favori ; l'intelligence de Catherine II s'était affaiblie ; il n'était resté en son imagination que des passions d'autant plus vives qu'elles éclataient comme un volcan sous la neige de ses cheveux blancs. L'Europe se remplit de caricatures où l'on reproduisit Catherine absorbée sous son embonpoint corporel et sa face à triple menton et cherchant, comme l'a dit Racine :

> A réparer des ans l'irréparable outrage.

On n'eut plus pour Catherine II cette considération que son grand pouvoir et son grand âge devaient inspirer ; on fit circuler dans toutes les Cours de l'Europe d'odieux pamphlets pour la rendre ridicule. Les curieux amateurs conservent encore des gravures piquantes et quelquefois obscènes sur cette majesté qui finissait avec l'esprit du xviii<sup>e</sup> siècle.

Ce n'était plus la grande Catherine célébrée par Voltaire dont les splendides portraits tapissaient les galeries de l'Europe. Ce n'était plus l'impératrice que le poëte philosophe avait exalté.

> Redoutée à la guerre, adorée à la cour,
> Sur le plus vaste empire elle règne en grand homme ;
> Son code, ses exploits rappellent tour à tour
> Les Solons de la Grèce et les Césars de Rome.

Pour les femmes qui ne savent pas vieillir, le plus triste spectacle c'est un portrait des temps de jeunesse et de beauté !

————

# XVIII

## — Mort de Catherine. —
## Avénement de Paul.

### (1796 — 1797)

Le 9 novembre 1796, aux premiers grands froids de Pétersbourg, le thermomètre marquait 19 degrés, l'impératrice Catherine passait de sa chambre à coucher dans le salon des gardes, lorsqu'elle fut saisie d'une faiblesse extraordinaire : tout d'un coup elle s'affaissa sur elle-même en poussant un long soupir ; celle dont la parole était écoutée, obéie en Europe, ne put pas même articuler un son, dire une prière de repentir ; Catherine II, la grande Catherine, la Sémiramis du Nord était morte (1).

(1) Les dépêches des ambassadeurs sont pleines de récits

Des bruits sinistres furent murmurés sur les causes de cette mort soudaine, inattendue ; il n'était pas besoin de l'attribuer à une source violente et criminelle : depuis longtemps l'impératrice était souffrante, inquiète, fatiguée : ni le vin qui pétille dans les verres, ni les douces caresses de ceux qu'elle aime ne peuvent faire oublier à une femme passionnée, que les rides couronnent son front ; et les parfums de l'Orient, les diamants, les soies et l'or ne peuvent cacher la voix intime que Dieu a mise au fond de nos âmes, cette horloge qui sonne nos années dans le cœur et dans le sang (1).

L'impression, je dirai presque la douleur fut immense ! Catherine II était aimée de tous ceux qui l'avaient connue ; son intérieur était doux ; elle laissait de tendres amitiés, ainsi que les femmes de la race allemande ; elle donnait à la cour une impulsion d'élégance et de fêtes ; comme elle voulait plaire à l'âge où les grâces s'envolent, elle multipliait les distractions, et avec les plaisirs Catherine II ne négligeait jamais les services publics, les affaires du gou-

et de conjectures. Quelques agents affirment que sa mort fut l'effet du poison.

(1) Catherine avait alors soixante-six ans.

vernement, le bien-être des sujets, les splendeurs des cités, les embellissements de Saint-Pétersbourg surtout, qui se peuplait de palais d'une élégante commodité et d'un luxe exquis. Partout en plein hiver on ressentait la douce chaleur du printemps ; les arbres, les fleurs poussaient en serres chaudes, nature un peu fausse, étiolée, et néanmoins d'une vue charmante ; l'air tiède qui circule dans les serres vous enivre et vous endort doucement comme l'opium servi dans des vases d'or ; c'est ce qui donne à la femme russe cette nonchalance ravissante et tout orientale, la douce volupté de la parole et du regard.

La fin du règne de Catherine II avait été absorbée dans la politique. extérieure par une seule idée dominante alors dans son esprit : la vive répression des principes de la Révolution française propagés par la victoire ; l'impératrice était décidée à porter secours sur le Rhin à l'Allemagne menacée, et à déterminer et même à forcer la Prusse à secouer sa neutralité qui brisait la coalition (1).

Catherine II, comme le Janus antique, avait

(1) *Mémoires d'un homme d'État et Histoire des traités de paix*, par M. de Garden, t. VII.

deux faces : l'une regardant l'Orient , l'autre l'Occident ; si elle voulait ramener l'Europe aux idées d'ordre monarchique , elle gardait son ambition de conquête pour l'Orient qui exalte tous les génies de guerre : l'Asie enlace et enivre tous les conquérants. Aussi portait-elle une vive attention à la campagne de Perse et à ses conquêtes qu'elle espérait étendre jusque vers l'Inde. Dans l'état des relations avec l'Europe, il était impossible de songer à un partage actuel de l'empire ottoman ; on avait trop à faire sur le Rhin. Catherine II restait orientale par la guerre de Perse ; elle allait donner une haute direction à cette campagne vers Ispahan, lorsque la mort impitoyable , d'un coup de sa faux , frappa la main qui portait le sceptre et le front où brillait la couronne.

Son successeur, le grand-duc Paul, fut reconnu et salué sans opposition, sous le titre de *Paul I*er, comme le seul héritier de la race sacrée. Longtemps relégué dans son palais en dehors des affaires, le caractère de Paul, d'abord excellent, s'était aigri sous l'énergique étreinte de sa mère (1). Ployez un corps d'ai-

______

(1) Le caractère de Paul Ier a été mal jugé ; c'était la franchise, la loyauté même. S'il changeait si brusquement, c'est que la politique des cabinets n'était pas toujours franche ; il

rain avec violence , vous ne le brisez pas , il rebondit avec une énergie incomparable : ainsi fut Paul I<sup>er</sup> : il passait d'un état de soumission comprimée à une puissance sans limites ; il y a de quoi vous rendre fou ! Il n'est pas étonnant qu'il vous prenne une surexcitation au cœur qui éclate à chaque pas d'un nouveau pouvoir. Ainsi cette immensité de puissance qui s'agglomérait, arrivant tout à coup autour de l'empereur Paul, devait plus d'une fois lui saisir les parois du crâne : quand on est placé inopinément à une si grande hauteur, il est difficile de ne pas avoir le vertige.

L'avénement de Paul I<sup>er</sup> fut une réaction contre les ennemis de Pierre III. Le premier acte de son règne fut de frapper d'exil le dernier favori de sa mère, Platon Zubow ; le jeune officier dut voyager fastueusement en Europe, en attendant l'heure de se venger. Le nouvel Empereur ordonna que des funérailles solennelles seraient décernées à Pierre III, son père, qu'il plaça dans un cercueil à côté des dépouilles mortes de Catherine ; le czar avait écrit de sa main cette inscription solennelle : *Séparés*

se passionnait pour ce qui était grand et beau, et sa colère venait quelquefois de ses désabusements.

*pendant la vie, réunis dans la mort.* Les Orloff, fortement accusés d'avoir frappé Pierre III dans cette nuit terrible qui assura le trône à Catherine II, furent contraints par l'empereur Paul d'assister aux funérailles splendides, à la face du peuple qui murmurait leur nom. Deux des frères tenaient le drap mortuaire avec plusieurs de leurs complices ; ils purent contempler le visage cadavéreux de l'Empereur défunt, et quand Paul leur demanda s'ils n'avaient pas eu quelque émotion au souvenir de cet événement fatal, Grégoire Orloff répondit : « Que s'ils avaient des remords, ils seraient étouffés par le souvenir du service qu'ils avaient eu le bonheur de rendre au czar Paul, car il devait savoir que l'acte le plus solennel du règne de Pierre III avait été le désaveu de la naissance de l'empereur actuel, de manière que, sans l'attentat qu'on leur reprochait, Paul ne porterait pas la couronne. » Les Orloff néanmoins reçurent l'ordre secret de quitter la Russie : ils voyagèrent dans le midi de l'Europe, manifestant partout un vif amour des arts. Le comte Orloff visita Rome, Florence, partout se montrant magnifique (1).

(1) Il fut le père ou l'oncle du comte Grégoire Wladimir

Le czar Paul I<sup>er</sup> donna toute sa confiance au comte Panin, dont la famille, d'origine italienne, je l'ai dit, était venue s'établir en Russie sous le règne de Pierre I<sup>er</sup>. Le comte Panin, esprit fort distingué, homme d'État et d'une certaine science, pouvait conduire très-énergiquement les affaires de l'Empire; lourde tâche, car Paul I<sup>er</sup> avait des volontés, des résolutions soudaines et des idées fixes; d'une belle loyauté de caractère, il s'emportait vivement quand il était contrarié.

Le nouvel Empereur n'allait pas exercer une de ces grandes tyrannies que les peuples subissent quelquefois et qu'ils pardonnent facilement, parce qu'il s'y mêle de la gloire; mais il essayerait ce petit despotisme qui procède par caprice. Paul ne savait pas respecter ce que les peuples chérissent avant toutes choses : les coutumes, les habitudes; et les façons de procéder, souvent violentes, soulèvent des haines et des ressentiments. La Russie dut se rappeler plus d'une fois que Catherine gouvernait plus hautement par des actes d'une volonté souveraine; elle réservait

Orloff qui se passionna pour les arts; avec le concours de quelques écrivains français, il a écrit l'*Histoire de la peinture en Italie.*

ses caprices et ses faiblesses pour la vie intérieure.

Cependant le comte Panin espéra et voulut donner une direction plus élevée à la diplomatie du Czar qui s'était jeté tout d'une pièce dans la politique repressive de la Révolution française ; les émigrés non-seulement furent bien accueillis à Saint-Pétersbourg, mais l'Empereur prit à sa solde l'armée de Condé (1) : plein de souvenirs de la France et de la réception qu'autrefois le comte et la comtesse du Nord avaient reçue à Chantilly, il ouvrit les portes de la Russie à tous les gentilshommes français qui servaient sous le drapeau fleurdelysé ; il reconnut la régence, puis la royauté légitime de Louis XVIII à qui il assura une pension d'un million de roubles ; il donna le château de Mittau, en Courlande, au roi de France exilé. Catherine II n'avait qu'un faible penchant pour unir ses troupes à celles de l'Autriche dans une campagne contre la France ; l'empereur Paul offrit de joindre le corps de Souvaroff à l'armée de l'archiduc Charles auquel les généraux russes devraient obéir. Paul s'engagea à seconder

—————

(1) Elle était alors de 8,500 hommes, composée presque toute de gentilshommes.

l'Autriche en Allemagne et en Italie ; toutes les armées de l'Empire durent se tenir prêtes à agir en Occident ; la question orientale fut presque abandonnée ; Souvaroff reçut la mission d'une croisade sacrée contre la Révolution française. En même temps une mission fut confiée au comte Repnin qui dut aller à Berlin (1) pour réveiller la Prusse de ce sommeil de neutralité qui l'engourdissait en présence de la Révolution française menaçant toutes les couronnes. La mission ne réussit pas : la Prusse, fidèle à son principe d'isolement, repoussa toute idée de coalition ; ce fut une des vives déceptions de l'empereur Paul. Cette voie nouvelle n'était plus la politique de la grande Catherine, de la *Sémiramis* du XVIII<sup>e</sup> siècle ; un point d'arrêt était mis à la grandeur de la Russie. Catherine II, dans toutes ses démarches diplomatiques, avait toujours apporté une idée de puissance et d'avenir pour la Russie ; si elle avait pu se tromper quelquefois, il n'y avait rien dans ses démarches qui ne fût très-réfléchi, très-combiné ; elle avait pris l'empire dans des

(1) Le comte Repnin trouva l'abbé Sieyès à Berlin comme représentant de la République française. Sieyès plut beaucoup à Berlin par son ton philosophique et parvint à annuler le comte Repnin.

circonstances difficiles , elle lui avait donné la Crimée, de larges frontières du côté du Danube et de la Géorgie , elle s'était fait reconnaître comme souveraine par les Baskirs et les Tartares, des limites les plus éloignées jusqu'aux frontières de la Chine. Enfin les deux partages de la Pologne avaient donné à la Russie un territoire de plus de six millions d'âmes ; sous Elisabeth et Pierre III, la Russie était encore plus orientale qu'occidentale.

Catherine II l'avait fait connaître au monde et à la France surtout, qui donnait l'impulsion et la vie littéraire et philosophique ; ses prédilections pour les Encyclopédistes venaient de cette idée que les écrivains, par leurs éloges, la feraient admirer, et qu'ainsi ils donneraient la force morale, spirituelle, intelligente à la Russie. Une lettre écrite par l'impératrice Catherine II à Voltaire, à d'Alembert, à Diderot, répandait partout sa renommée ; on ne parlait que de la protectrice des arts, de la science et des lettres. N'avait-elle pas offert de continuer, d'achever l'*Encyclopédie* à Pétersbourg et de mettre en tête son nom ? N'avait-elle pas imposé à ses courtisans l'obligation de traduire chacun en langue russe un chapitre du *Bélizaire* de Marmontel ? Tout cela était redit, répété en

France ; la génération ne s'occupait que de la Russie. Voltaire avait-créé la popularité littéraire et philosophique de Catherine II, et cette popularité avait avancé d'un siècle la puissance diplomatique de la Russie.

FIN

# TABLE DES MATIÈRES

——

www.ingramcontent.com/pod-product-compliance
Ingram Content Group UK Ltd.
Pitfield, Milton Keynes, MK11 3LW, UK
UKHW021210140726
13695UKWH00002B/453